Staread
星 文 文 化

絆 が 稀 薄 な 人 た ち

回避型依恋

[日] 冈田尊司 著　吕艳 译

四川人民出版社

图书在版编目（CIP）数据

回避型依恋 /（日）冈田尊司著；吕艳译 . -- 成都：
四川人民出版社，2025.9. -- ISBN 978-7-220-12980-3

Ⅰ . B84-49

中国国家版本馆 CIP 数据核字第 2025RS0555 号

四川省版权局著作权合同登记号：21-25-025

HUIBIXING YILIAN

回避型依恋

[日]冈田尊司 著 吕艳 译

出 版 人	黄立新	责任校对	吴 玥	
出 品 人	柯 伟	特约编辑	刘思懿 宋 鑫	
监 制	郭 健	营销编辑	刘玉瑶	
选题策划	刘思懿	封面设计	水 沐	
责任编辑	舒晓利	版式设计	修靖雯	

出版发行	四川人民出版社（成都三色路 238 号）
网 址	http://www.scpph.com
E-mail	scrmcbs@sina.com
新浪微博	@ 四川人民出版社
微信公众号	四川人民出版社
发行部业务电话	（028）86361653 86361656
防盗版举报电话	（028）86361653
照 排	天津星文文化传播有限公司
印 刷	三河市嘉科万达彩色印刷有限公司
成品尺寸	130mm×190mm
印 张	8.25
字 数	132 千
版 次	2025 年 9 月第 1 版
印 次	2025 年 9 月第 1 次印刷
书 号	ISBN 978-7-220-12980-3
定 价	45.80 元

前　言

现代人中蔓延的回避型依恋模式

避免和他人亲密接触、更喜欢独处、不愿意结婚生子、厌恶责任和约束、对伤害很敏感、害怕失败……具备以上特征的人正在迅速增加。

他们通常属于一种被称作回避性人格[①]的性格类型。具有回避性人格的人不仅会与他人保持距离，还会尽可能地回避失败和其他可能伤害自己的事情，他们的人生往往越发渺小、枯萎，他们最终会被低于自己实力的人生"宠"坏。

然而，回避亲密关系和情感联系、逃避婚姻和育儿等

---

① 回避性人格（avoidant personality）：有此类人格障碍的患者对外界的排斥极度敏感，由于害怕失败或失望而不敢与人交往、害怕新事物。

责任，存在于属于回避性人格等的消极人士身上，同时被看似善于交际、享受生活和活跃于社会的人们广泛承认。对其背景进行研究后，我发现，从根源上讲，社会普遍存在一种回避型依恋模式；属于这种依恋模式的人，处于依恋缺失的状态。依恋缺失达到干扰社会适应的程度后，就变成了一种应该称为回避型依恋障碍的状态。通常人们会用回避型表示健康端的依恋模式，用回避性表示病理端的障碍水平，二者在英语中都是 avoidant。

回避型与回避性，是跨越健康与病理的连续体，且正在当代人的生活中不断渗透和扩展。读完这本书后，你会发现这是一个不亚于环境污染和全球变暖的重要课题。

我们很容易在日常人际交往、家庭生活、性生活、育儿生活等亲密关系中感受到压力和困难。结婚率和生育率的下降往往被归咎于经济问题，但实际上，即使在比当今更加贫困和物资匮乏的时代，人们也一直保持着高结婚率和生育率。尽管生活在温饱线的边缘，人们仍然拥有自己的家庭和孩子。然而，拥有家庭意味着要减少独处时间和花在自己身上的金钱。因此，现在许多人不想把自己关入婚姻的"围城"。

这一社会现象背后还隐藏着一个经济以外的原因，那便是依恋缺失。当今社会正在经历一种生物变革，可以说，我们已经从传统意义上的人类分支脱离出来成为一个新的"物种"。

◎ 如何充分享受人生

在思考这个问题之前，我希望大家先了解什么是回避型依恋模式。这将使大家更容易理解自己在与周围人交往过程中所面临的困难及其本质。我相信大家平时可能已经对人格和依恋有了一定的了解，有相关知识基础的读者可能还会进一步梳理这两者的关系。例如，你也许会发现环境因素对回避型依恋模式的影响，同时也能理解人们为应对环境因素的影响而发展为不同人格。回避型依恋模式其实就是潜藏于各种人格背后的一个共同因素。

我想大家应该很容易理解为什么这本书会在多种依恋模式中特别关注回避型依恋模式。回避型依恋模式不仅会让一个人的人生困难重重，同时也会让社会发展停滞不前。探索依恋模式的形成原因固然很重要，但对于本就属于回避型依恋模式的人来说，更重要的是如何让自己的人生变得轻松且更有成效。

本书的重点是讲述回避型依恋模式的人应如何克服自己的缺点、充分利用自己所拥有的一切度过只属于自己的独特一生。思考上述问题时，要时刻谨记，传统的常识性价值观和生活理念并不适用于有关依恋模式的分析。回避型依恋模式是一种堪比新物种诞生的根本性生活方式变化，唯有以全新的价值观，才能衡量这样的人生。

问题是，目前我们尚不确定这种新的价值观是否与社会发展相适应且其发展前景是否明朗。在这种情况下，每个人都像盲目而迷惘的旅鼠一般，随着技术发展带来的不确定性和生物学面临的一些问题而茫然前行。

即使生活很难，我们也还是要继续。作为一个新"物种"生存的同时，我们还必须拥有只属于自己的精彩人生。为此，我们需要知识和技术。在本书的后半部分，我将尽可能多地为读者提供有关这一点的提示。

此外，需要说明的是，本书中有很多具体事例与名人案例，而其中的普通人事例则是根据实际案例进行虚构的，与具体案例无关。

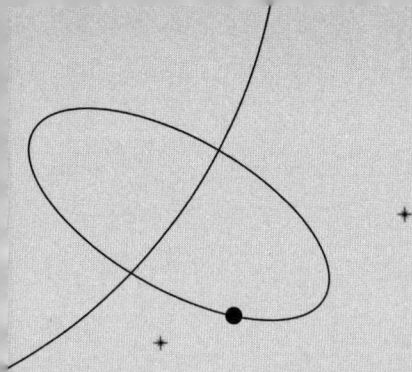

目 录

CONTENTS

| 第一章 |

新"物种"诞生?!

◎ 什么是依恋模式

在人际交往中，有些人能始终与他人保持良好关系，并建立信任、享受亲密关系，而有些人却总是陷入人际关系的困境，或是与人停留于泛泛之交，或是难以与人建立友好关系，并且即使建立了关系也不会长久持续，很难上升为亲密的信任关系。不同的依恋模式会带来差异化的人际交往模式。

依恋模式始于人类在婴幼儿时期与母亲之间的关系，并在经历各种人际关系的过程中得以建立，因此，它所体现的不仅是一个人的心理特征，也体现了生物学特性。就像有些物种喜欢成群结队，有些则喜欢单独行动，这种差异就属于生物学特性。依恋模式也可以说是与其十分相近的一种特性。

依恋模式可以分为安全型和不安全型，其中不安全型分为焦虑型（矛盾型，对应儿童的痴迷型）及回避型（疏离冷漠型）。此外，还有焦虑型和回避型相结合的恐惧回避型（对应儿童的紊乱型）与依恋创伤持续存在的未解决型。（见下图）如果安全型是依恋体系平衡运作的状态，那么焦虑型可以说是依恋体系过度敏感和过度劳累的状态。另外，本书标题中所出现的回避型是依恋体系功能被压制并下降的状态（要想知道自己属于哪种依恋模式，请参阅本书附录1"依恋模式诊断测试"）。

依恋模式的分类

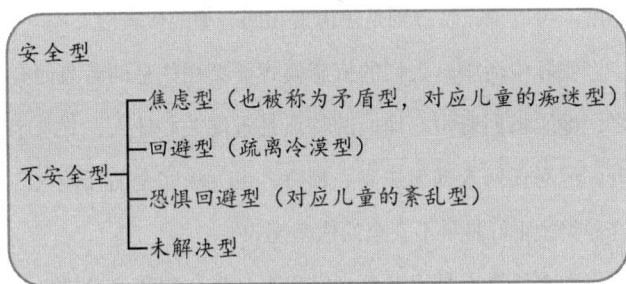

安全型

不安全型
— 焦虑型（也被称为矛盾型，对应儿童的痴迷型）
— 回避型（疏离冷漠型）
— 恐惧回避型（对应儿童的紊乱型）
— 未解决型

焦虑型和回避型都属于不安全型，但其表现却完全相反。例如，面对分手等充满压力的情况，以上两种依恋模式的人的反应恰恰相反。焦虑型会试图通过死缠住对方哭着闹着抗拒分离。然而，回避型则显得十分冷酷，他们的脸上几乎没有任何表情变化。

遇见困惑时，以上两种依恋模式的人的反应也极为不同。焦虑型会迫不及待地向人求助，甚至小题大做地渲染事态；回避型会因为害怕受到伤害，所以宁愿默默承受，自欺欺人地认为什么事都没有发生。在人际互动方面，焦虑型会向自己的倾诉对象撒娇求助；回避型则不会将自己的真实感受告知任何人，也不会向任何人撒娇。

即使是在非常类似的不安全环境中长大的孩子，也会形成不同的依恋模式。有的对周围环境很敏感且试图得到周围人的喜欢，有的则置身事外并对维持人际关系持冷漠态度。可以说，这分别是焦虑型和回避型的代表性反应。

实际生活中，人们的依恋模式类型往往是两者兼而有之，即恐惧回避型。他们的特点是过度关心他人，寻求亲近，但对任何人都无法真心相待，也无法完全信任他人。这种类型正好是最不安全的依恋模式。

本书的重点是回避型，但我有时也会拿其他模式来与之进行比较。

回避型依恋障碍是指依恋回避（回避亲密关系）达到严重程度，会导致社会适应困难的情况，是一种不对任何人敞开心扉的抑制性依恋障碍。它原本属于儿童精神疾病，是一个非常狭义的概念，常出现在遭受虐待与忽视的儿童身上。本书中，我将采用回避型依恋障碍这个术语并广泛应用于成年人。

下文中，我将围绕回避型依恋障碍及其相关内容展开论述。

◎ 回避型的特点

回避型最大的特点是不想要与他人建立亲密关系。拥有这类依恋模式的人会把自己的感情藏在心里，一旦别人表现出爱意与好意时，他们会直截了当地做出回绝的反应。他们喜欢自己单独做事，而不是花时间和其他人在一起完成。但是，这并不意味着回避型的人对和他人共处完全不感兴趣，毕竟他们只要想做就没有做不到的事情，只是这样需要他们克服内心的抵触，并伴随心理能量的消耗。

回避性人格障碍是回避型人格中的一种，此种类型的人对遭受伤害和拒绝极其敏感。为避免遭受伤害或被人拒绝，他们会尽量不让自己与他人形成亲密关系、不自我暴露、不承担责任。

当然，并非所有回避型都像具有回避性人格障碍的人那样焦虑和消极。乍看之下，回避型中，有的人自信傲慢；有的人冷酷、惯于肆无忌惮地榨取他人价值。这两种人尽管表面上看起来不同，但实际上都会避免与他人建立持久而亲密的人际关系。

换句话说，回避型的本质不是焦虑或消极，而是避免与他人形成亲密的信任关系和拒绝承担随之而来的持久性责任。亲密的信任关系与持久性责任相互关联。回避型会觉得这种关系及其带来的责任感是一种负担。例如，即使结婚和育儿在社会与经济层面都可行，回避型也会认为这些只是负担，对不惜一切代价结婚与生子缺乏动力和兴趣。在回避型意识到自己将肩负某一持久性责任后，其对于爱的激情也会迅速冷却。

回避型的另一个特征是压抑感情和情绪。事实上，一个没有情感的人不可能与他人形成亲密关系。情感联结是依恋的本质，同时也是真正亲密关系的核心所在。

但情感依恋的出现，意味着持久性责任的诞生。依恋是逃避责任的桎梏。依恋缺失则意味着逃避亲密关系，本质上更是为了避免被持久性责任束缚。从这个意义上来说，回避型的适应策略可以说是一种试图通过避免亲密关系，来确保不受情感约束、不必承担责任的生活方式。

◎ 小得惊人的遗传因素

社交退缩、排斥亲密关系、更喜欢独处等通常被认为是回避型与生俱来的特征。过去，具有以上特征的人被认为是精神分裂（分裂气质）。人们普遍认为精神分裂是先天原因所致。然而，随着研究的深入，人们现在已经能清楚地认识到，相对于遗传因素，环境才是影响依恋模式形成的最重要因素。

更确切地说，依恋模式的形成约四分之一受遗传因素影响，约四分之三由养育环境等环境因素决定。其中，最重要的影响因素被认为是生命早期阶段的养育环境，特别是一岁半以前的养育环境。

一岁半之后的环境仍与依恋模式的形成存在关联，学校和社会中的人际关系也对其产生了不小的影响。令人惊讶的是，对依恋模式影响最大的是伴侣，如恋人和配偶。关于这一点，我将在本书后续内容中进行阐述。在这里，我希望大家能够了解的是，乍看之下似乎是与生俱来的依恋模式，实际很大程度上是由后天的人生经历塑造的。

荷兰研究者范登贝姆等人做过一个实验。

他们从刚出生的婴儿当中选了一百个爱哭又难安抚的

婴儿，平均分成两组。

一组没有采取特别的行动，只用平常的方法照顾。

另一组则要求母亲从婴儿六个月大开始，增加对婴儿的积极回应，持续三个月。

研究者分别在婴儿一岁与两岁时，调查了他们的依恋类型。

结果令人相当惊讶。没有采取特别行动的一组，大多数孩子表现出了回避型的特征。

而在研究者要求下得到母亲积极回应的婴儿们，几乎都表现为安全型的特征，并且，直到他们两岁时也仍然保持着相同的依恋模式。

仅在出生后六个月起的三个月内较以往更为积极地对婴儿做出回应，依恋模式就会受到如此大的影响，并且持续受到影响。由此可见，后天行为对依恋模式的影响有多么深刻。

三分之二的人在两岁时形成的依恋模式到成年后仍然会保持不变。亲子相处模式会影响孩子未来的行为模式和处理人际关系的方式。

同时，这项研究的结果还告诉我们一些非常重要的事情。被认为是与生俱来的性格，实际在很大程度上受到亲子（父母与孩子）关系的影响。精心科学的养育能让孩子拥有良好的适应能力和性格。

在幼年阶段，父母可以通过自己的育儿方式，在相对较短的时间内即让孩子的依恋模式处在安全型状态。增加与孩子相处的时间和亲情联结，以及对孩子的共情，即使孩子已经表现出回避型的特征，也可使其朝着安全型的方向转变。

依恋模式在孩子年幼时比较容易实现转变。随着时间的推移，它将逐渐固定，且不再容易改变，但并不是完全不可改变。即使是成年人，也可以从不安全型转变为安全型，反之亦然。每个人的依恋模式都会受到身边亲近之人的很大影响。换句话说，对于不安全型依恋模式的孩子，养育者对于育儿方式的关注与适当改变能将孩子的依恋模式改变为安全型。关于这一点，我将在后续内容中详细介绍，下面我们先来了解一下依恋的基本知识。

◎ 什么是依恋

什么是依恋？为什么会产生依恋？依恋有什么作用和意义？此外，在成长过程中只经历过依恋缺失意味着什么？有什么后果？

依恋关系是每个人都曾亲身经历的体验。英国精神科医生约翰·鲍比[1]曾试图重新解释这种现象，不仅阐明其心理学意义，还明确了其生物学意义。

根据鲍比之前的想法，孩子依恋母亲是出于实用性原因，如能够获取母乳。然而，鲍比通过研究战争遗孤儿童发现，无论给予他们多么丰富的营养，他们都无法健康成长。孩子需要母亲的养育。鲍比最初曾试图将儿童因缺乏母爱而导致的异常状态定义为母爱剥夺。后来，随着更多研究的进行，他清楚地认识到，像母亲的拥抱等身体接触行为和亲情联结，在孩子的成长中起着重要作用。这一结论已逐渐通过动物实验等为人所周知。

例如，美国心理学家哈里·哈洛做过一项著名的恒河猴实验[2]。

小猴子在与母亲分离后就会死亡。不管喂多少奶，它们都无法存活。然而，只需要一个小方法，即使不在母亲身边，它们也能茁壮成长。

---

[1]　约翰·鲍比（John Bowlby，1907 年 1 月 26 日—1990 年 9 月 2 日），英国发展心理学家，从事精神疾病研究及精神分析的工作。

[2]　哈洛的恒河猴实验又称为代母养育实验。

哈洛将一群刚出生的小猴子分别交给两位"妈妈"，一位是用冰冷金属丝网制成且身上挂着奶瓶的"铁丝妈妈"，另一位则是由木头制作且包裹着软绒布和海绵的"绒布妈妈"。

结果发现，小猴子更喜欢跟"绒布妈妈"待在一起。这意味着小猴子需要紧贴在一个柔软的且像母亲一样能够给予自己支撑的物品上才能存活，其重要性并不亚于母乳。

然而，尽管能够存活下来，但由于没有亲生母亲的养育，这些小猴子仍然存在严重的缺陷。它们极度缺乏安全感，无法加入与其他同伴的游戏中，难以发展社会技能。即使能够加入同伴的队伍，缺乏母爱的小猴子也将面对无法克服的难题。那便是难以与异性建立关系和育儿。到了青春期，不是由母亲抚养的小猴子很难与异性建立伴侣关系，就更无法培养优秀的子孙后代。

有关小猴子的实验结论也同样适用于人类。没有拥抱等肢体接触，孩子就可能无法生存，更谈不上健康成长。过去，90% 被安置在福利院的孤儿还没有长大就离开了人世。后来，人们意识到了身体接触的重要性，并开始注意这一点，孤儿的死亡率明显下降。虽然，儿童看护人员只是在一天中的某些固定时段触摸婴儿的身体，这个干预措施比较简单粗放，但确实极大地提高了孤儿的生存率。

然而，不是由母亲带大的孩子即使能活下来，在成长和发育方面也会出现严重障碍，在寻找婚姻伴侣和育儿方面很容易遇到大问题。

某些情况下，人类即使在恶劣的环境中成长，也能克服困难，而猴子则不然。可以说，这是具有高智商和极强的适应能力，并发展了社会支持系统的人类所独有的力量。

但幸运的只有少数人。仅仅增加身体接触还远远不够。无法在恶劣环境中克服种种困难健康成长的人到底缺少什么？妈妈抚养长大的孩子和成长过程中缺少母爱的孩子，差异从何而来？

鲍比明确指出，这不仅仅是亲情和关怀的问题，还是一种名为依恋的生物学现象。

目前人类所面临的问题是，尽管日常生活中并不缺乏母亲无微不至的照顾，但孩子最终也像在"绒布妈妈"的陪伴下成长的小猴子一样遇到类似的问题。这就是回避型的问题所在。既然家长能够妥善地抚养孩子，为什么还会出现这样的问题呢？

◎ 依恋和身体接触的区别

只拥有"铁丝妈妈"的小猴子、没有母亲的孩子之所以发生悲剧，不仅缘于缺乏身体接触，更要归咎于依恋不足。依恋不可能只通过拥抱、哺养或照顾来形成，还有另一个因素会对依恋的形成产生至关重要的影响。

依恋关系与单纯的身体接触的主要区别是，依恋具有选择性。换句话说，并非任何人的拥抱、爱抚都能满足个体的情感需求。人类只能从依恋对象的拥抱与爱抚中获得真正的安全感。

依恋具有选择性意味着依恋拥有与特定对象的特殊联系。要形成安全依恋，光与母亲产生身体接触是不够的。哪怕是亲生母亲，如果没有一直在孩子身边尽责抚养，那么依然无法与孩子建立依恋关系。孩子对母亲的依恋，只有在母亲持续关注和照顾孩子的情况下才能形成。故而，身为母亲，有时不得不把自己的事情放在这之后。人类只会对自己提出要求后，能够无条件给予回应的对象产生依恋。

依恋并非随时都能形成。孩子出生后到一岁半左右，最多两岁时，是依恋形成的最佳时期。其间，除非有一个特定的养育者主动照顾婴幼儿，否则孩子将无法产生最早期的依恋关系。

如果在此期间孩子没有形成依恋关系，不仅无法与养育者形成安全依恋，在未来，与任何人都无法建立起完美的安全依恋。

正因如此，作为第一养育者的主要照顾者（通常是母亲）往往具有不可替代的重要作用。母亲对孩子的人际关系、压力承受能力、焦虑、感知方式、伴侣关系、育儿能力、健康和寿命甚至生存本身都将产生终生影响，的确可以说是很特别的存在。

鲍比认为，依恋机制的进化是为了保护儿童的生存。这种机制使婴儿依附于某些特定的养育者。这些养育者在抚养孩子的过程中绝对不会放手。事实上，对猴子的研究表明，小猴子处于幼崽阶段时，哪怕只是一瞬间，母猴也不会让孩子离开自己的身体。如果与自己的母亲分开，哪怕只有片刻，小猴子都会痛哭着寻找母亲。由此可以看出，依恋机制在保护儿童不受外部力量影响的过程中发挥着重要作用。

随着小猴子的成长，它们与母亲分离的时间会越来越长，距离也越来越远，但母猴不会像人类一样将年幼的孩子长期交给他人照顾。离开母亲会让孩子产生很大的压力，甚至影响大脑发育。这一结论在动物实验中也得到了证实。对成年动物进行的脑部检查显示，出生后不久与母亲分离哪怕仅几个小时的小动物，在受体的数量与神经纤维的运行方面，也和未与母亲分离的动物有明显差异。事实上，幼时与母亲分离的孩子，成年后也往往会表现出对压力的高度敏感。

长大后，孩子终将会离开母亲。但具有讽刺意味的是，安全型的孩子长大后反而会积极地冒险，探索外面的世界并与他人交往。这是因为他们从依恋对象身上获得信任感和安全感。依恋对象是他们积极开展活动的后盾。这种支持性功能被称作安全基地（safe base）。安全基地是儿童学习知识和汲取能量的强有力后盾，因此，安全型的孩子往往不仅具有高度的社会性和活跃性，而且拥有更强大的认知发展潜力。

◎ 支撑依恋理论的生物学机制

数十年来，依恋被认为是一种动物性的原始情感，与营养、教育和经济财富等现代课题相比，仅仅是一个心理问题，没有什么重要性，因此，遭到了忽视。换句话说，依恋是人类从野蛮走向文明并继续进步所必须克服的进化残留，就好像尾骨上露出的尾巴残迹，被认为是日后可以舍弃的东西。

然而，这种想法完全误读了事实。依恋不仅是一个心理问题，还作为支撑生存的生物机制起着至关重要的作用。无论人多么富有，忽视依恋将使人难以感到幸福，同时还会威胁到生存。不仅如此，对于依恋的忽视还会破坏夫妻关系和育儿过程，进而危及人类这个物种的存续。

为理解这一点，我们必须了解支撑依恋理论的生物学机制。

依恋这个现象的发生，由催产素和抗利尿激素作为生理支撑。催产素对女性尤为重要，而抗利尿激素则对男性更为重要。无论男女，体内都存在这两种激素，两者之间为互补关系。

催产素有刺激乳腺分泌乳汁、在分娩过程中促进子宫平滑肌的收缩、促进母爱的作用。然而，20世纪末，对哺乳动物的研究表明，催产素对亲子关系与伴侣关系的发展至关重要。

如果在动物身上注射药物阻碍催产素运作，父母会变得无心照顾孩子。只因催产素无法正常发挥作用，就能产生这么大的影响。

此外，人们发现，催产素不仅会影响婚姻关系和育儿，对一般社交也有影响。如果催产素效能活跃，人们就会积极地发展人际关系，对他人温柔宽容，也容易产生共情。反之，催产素效能衰退时，人们比较不容易与人亲近，甚至会变得孤僻或过度严苛，也容易出现极端的反应。

◎ 催产素能减少焦虑和压力

催产素的作用还有很多，如减少压力和焦虑。催产素水平高的人不太可能经历焦虑和压力，也很难患上抑郁症或其他与精神压力有关的疾病。

催产素的作用有很大的个体差异，这也使每个人的压力耐受性存在差异。那么，催产素的作用取决于什么呢？

催产素运作机能的差异，取决于幼儿时期是否生活在稳定的养育环境。在安全环境中长大的人，脑内的催产素受体较多，催产素工作顺畅。然而，对于被虐待或被忽视的儿童，他们脑内的催产素受体不会增加，并且催产素的工作效果很差，所以面对同样的压力时会更加敏感。

在不良家庭环境中成长的孩子，长大后的他们在社交能力、抚养孩子等方面明显容易陷入困境，这不仅仅是心理原因所致，也受到催产素等激素的生物学机制的影响。

关于依恋关系破裂和回避型最后会处于什么样的生物状态，有一个田鼠的例子可以让人一探究竟。

田鼠分为住在草原的草原田鼠和住在高海拔地区的山地田鼠。草原田鼠和山地田鼠虽然血缘相近，却展现出了完全不同的生活态度。

草原田鼠会结为伴侣，以大家族的方式一起生活。它们的伴侣关系会持续终身，直到其中一方死亡为止。母亲与子代之间的联结也很强烈，如母鼠离开幼鼠时，幼鼠会凄厉地哭号。

相比之下，山地田鼠则像独行侠。虽然它们一到了发情期就会找异性交配，但它们与异性间只有性关系，交配结束后也不会再见面。母鼠生下幼鼠后会独立养育，等幼鼠长大便将其赶出巢穴。即使是育儿时期，母鼠与幼鼠的关系也很疏离。母鼠离开身边时，幼鼠非但不会哭闹，还会摆出一副无所谓的样子。这样的反应与回避型的孩子很像。

这两种血缘相近的田鼠，为什么会存在如此大的差距呢?原因就在于它们的催产素系统有着较大差异。草原田鼠脑内名为纹状体的快乐中枢,也有大量的催产素受体;而山地田鼠的催产素受体较少,纹状体几乎没有。

分泌催产素时,草原田鼠会获得愉悦感,这有助于它们主动维持与伴侣和孩子的关系。但山地田鼠则不同,即使缓解了焦虑,催产素的分泌也不会给它们带来欢乐,因此,山地田鼠不会主动与伴侣和孩子长期生活在一起。

基于以上的差异,草原田鼠拥有的是依恋性很强且与同类维持着半永久性关系的生活方式,而山地田鼠则处于依恋缺失的状态,与同类之间的关系也只能得到短暂的维持。可以说,回避型的人很难对任何人产生依恋,其生活方式与山地田鼠非常接近。

◎ 依恋缺失的产物

回避型的生活方式也会体现在亲子关系以外的人际关系。如果总是不见面,即使是亲密的朋友也会很快疏远,甚至渐渐失去彼此的联系。即使在学校与单位有着亲密关系的朋友,那也只是一段暂时的关系。回避型绝不会以牺牲私人时间为代价与他人产生联系。

对回避型的人而言，亲密的、近距离的关系造成的痛苦多于快乐。回避型的人在亲密关系和亲情中所感受到的大多是不快，而非畅快。因此，性爱有时也会令回避型的人感到烦恼。

这样一来，依恋程度强弱的区别显现在人与人的距离感，这也适用于母亲与孩子之间的距离。

最常见的儿童依恋测试是分别观察孩子与母亲在分离和重聚时的反应。安全型儿童对离开母亲感到焦虑，但不会过度焦虑，而且他们在与母亲重聚时，会表现得很高兴。然而，矛盾型（焦虑型）的孩子，不仅会因为与母亲分离而表现出过度焦虑，而且在再次见面时，无法坦然地接受母亲，有的孩子甚至会对母亲表现出愤怒和抗拒。而回避型儿童对母亲的离开与返回则显得漠不关心、无动于衷。

成年人也会表现出特征的差异。与恋人或家人分开后，他们经常会给对方发信息、打电话，且会因对方回复短信的速度很慢或没有立即接听电话而暴躁。这类人的表现便是焦虑型的特征。另外，分开后很少发信息或打电话的表现则归属于回避型。正所谓"去者日以疏，来者日以亲"，回避型与焦虑型的表现相反，回避型的人一旦与人分开，便不再心存挂念。

因此，在依恋缺失的情况下，即使是在本应由非常强烈的依恋关系所作用的亲子关系中，有的人也会让他人感觉到些许冷漠。有依恋才会有怀念，因此，依恋缺失的孩子多年不见父母也不会觉得孤单，甚至一点怀念父母的感觉都没有，毕竟他们之间没有太多的回忆。

此外，依恋缺失还有另外一种表现，即不太记得过去的事情，特别是童年时发生的事和令他们感到痛苦的经历。依恋缺失的人可以很快忘记逝去的人。面对生离死别，他们依然能够保持冷静，几乎不会被悲痛情绪淹没。而这恰恰是依恋缺失的人自我保护的方式。

◎ 无法依赖他人

回避型的人认为世界上的所有人都不可靠，且这种观念异常强烈，因此，他们无法依赖他人或向他人寻求帮助。他们对他人有一种不信任感，他们生怕因为自己表现差劲而受到批评，或者遭受不好的待遇。

因此，当问题和麻烦出现时，回避型的人喜欢靠自己去解决，不擅长与人协商或通过寻求帮助来解决。结果是，回避型的人往往独自在困境中挣扎，孤军奋战。

但是，无论天赋如何，一个人的力量总是有限的。当压力超过个人能承担的极限或遇到难以自行解决的问题时，回避型的人会变得不知所措，他们能做的往往是强撑下去，直到心力交瘁。即使在这种情况下，回避型的人也不会向其他人诉说自己的痛苦感受，而是试图通过逃避问题来进行自我保护。

如果能够撑下去，回避型的人会表现得若无其事，让其他人以为他们好像没有遇到什么问题，以至于周围的人也难以发现他们的异常。然而，身体往往会先于心灵发出信号，他们常有头痛、腹痛、腹泻、恶心、心悸、头晕等身体症状。

遇到相同的困扰或感知到同等程度的压力时，安全型的人会试图寻求与他人产生联系或主动接触，在他人给予的温暖中得到解脱和治愈。回避型的人却不然，特别是遭到忽视的人，他们会试图独处，把他人的帮助视作累赘。

近年来，回避型的人越来越多，其中有一类人是在小时候被父母牢牢掌控的人，他们不依赖于他人，但又过度依附于父母和配偶，因此，他们很难与父母真正分离而实现独立。

关于这一点，哈洛做过一个有趣的实验。他将小猴子与猴群中的其他猴子隔离开,只让它们与自己的母亲生活在一起,并观察它们的成长。实验结果显示,长大后,这些猴子无法融入猴群。

该实验并非为了贬低母亲的重要性,相反,它证明了母亲应该作为孩子的安全基地,支持孩子前往外界冒险并与他人交往。而这恰恰就是安全基地的原始功能。

◎ 难以放松地与人相处,不善于自我表露

压抑自身情绪、回避情感表达也可以是回避型的人拥有的一种优势。正是因为能以"平和且冷静"的方式面对悲伤与困难,回避型的人才可以专注于自己的工作和爱好。事实上,回避型的人确实更擅长处理不涉及情感的事情。

回避型的人还有其他特征。其中之一,便是在与他人共处中很难保持平静的心情,更别说享受他人的陪伴。

在这方面,回避型依恋人群中,被忽视者与遭受过度掌控者存在极其相似的地方。被忽视者本身就没有享受人际关系的脑回路;遭受过度掌控者习惯于对外界保持提防,以免受到批评或避免他人提出无理要求,并且他们在与人相处中常表现得不自然,特别容易尴尬、紧张。

　　这种无法轻松享受人际交往的特性，与回避型的人不善于自我表露和情感表达密切相关。真实的自我被父母接纳的人，能自然而然地表达自己的感受和意图；成长过程中被父母忽视、否定，或被强行灌输父母意志的人，则不善于自我表露。试图表达自己时，回避型的人会不自觉地感到压抑、紧张，常常无话可说，或是大脑一片空白。如果每次遇到自我表达的机会时，他们都选择回避，那么他们将越来越无法用语言表达自己的感受与意图。

　　在心理咨询等场合，被问及过去的痛苦经历时，回避型的人通常要花很长时间来回忆过去，甚至还经常试图避免回忆过去。心理咨询的最初阶段，回避型的人身上最常见的反应往往是"没有任何问题"。然而，随着交谈的深入，回避型的人便会想起过去痛苦的经历，并意识到自己一直在掩盖问题，以避免面对问题。

　　一个20多岁的年轻人曾因无法建立良好的长久的人际关系而苦恼，并向我提出咨询。生活里的他，无法向任何人敞开心扉，也没有可以称为亲友的同性朋友。

　　倘若没有人陪伴在他身边，他便会感到不安，因此他的恋人便扮演了这样一个陪伴者的角色。尽管是恋人，但这并不意味着他真的被对方吸引并信任对方，或者想与其建立持久的关系，他只是需要那位女士和他待在一起。另外，他还一直担心恋人会随时离他而去，因而时刻为此感到恐惧而饱受折磨。

他认为，不稳定的人际关系是自己造成的。父母在他很小时就离婚了，他是由母亲和继父带大的。我曾问及他和父母的关系，他最初的回答是"什么问题都没有""关系非常好"。根据他的描述，父母没有干涉过他的生活，让他做自己想做的事，也给了经济上的支持。能看得出来，他非常感谢父母的付出。

但是后来，在讲述发生在他与父母之间的事情时，他意识到母亲总是将自己的意愿和期望强加于他，没有考虑过他的感受，而他也一直试图迁就、满足母亲。这样一个掌控欲强、不善解人意、缺乏爱心的母亲不可能是他的安全基地。而继父则躲在母亲身后，避免与他直接接触。由此可以看出，他与父母之间存在情感沟通障碍。

因此，他成为恐惧回避型的人，不仅具有回避型特征，而且焦虑感异常强烈。他别无选择，只能通过与自己并不真正喜欢的女性所形成的关系来寻求支持，然而这种关系并不稳定。

被要求清晰表达出自身想法或谈论自身感受时，回避型的人往往会立即不知所措。他们常列出各种似是而非的理论，避免展现他们心中真实的想法。工作上，他们的表现亦是如此。两个人一开始走得很近，一旦其中一方觉得另一方不能与自己分享真实的感受，那么彼此之间的关系将很难进一步发展。正是因为他们对自己的心情和感受避而不谈，所以才不能对他人敞开心扉。

回避型的人通常不会在情感驱使下进行语言表达，而是会让大脑思考继而进行文字转化。因此，被要求发言时，回避型的人往往不能迅速做出反应，且总是在关键时刻沉默不语。回避型的人不是以自己的感受为出发点，而是在猜测对方的意图，然后选择自己认为适合对方的表达方式，并据此拟定话语，这自然需要时间。

其他人会认为，回避型的人的反应令人感到沮丧或不友好。回避型的人很容易因此而遭到忽视或误解。

◎ 不喜欢负责任或被束缚

逃避亲密关系也意味着不喜欢被亲密关系束缚。无法逃避的纠葛和沉重的责任会让人感到沉重的压力，一段随时可以逃脱的关系显然会让他们觉得更加安全。成长过程中，遭到忽视的回避型的人特别容易出现这种情况。

就业、晋升、结婚与生子等值得庆祝的喜事，对回避型的人来说，却是对自由的桎梏。即使按照社会习俗和世俗价值观生活，回避型的人的内心深处也会感到勉强，甚至有仿佛自己被活埋了一般的窒息感。

从另一种意义上讲，从小受到过度掌控的回避型者会对落在自己肩上的责任和负担感到抗拒。对回避型的人来说，自己就像是一匹在骑手鞭笞下奔跑的挽马。童年结束时，回避型的人已然厌倦了这种被动的生活。他们深知，如果自己试图做某事，一旦失败，只会受到责备。因此，回避型的人已经形成了一种既定的行为模式，即不做额外的事情、不接受新的挑战。

◎ 即使过着看似正常的生活

我在前面描述的是回避型者的常见特征。当然，除依恋模式之外，一个人个性的形成还会受到很多其他因素的影响。因此，即使同为回避型依恋模式，不同人的个性也会相差甚远。通过基因类型与生长环境等因素的相互作用，依恋模式得到了"修饰"，人们呈现出了性格差异。

因此，即使都属于回避型，不同的人也会表现出不同的人格。即使具有相同的人格特质，每个人的特征和适应社会的难易程度也会因潜在的依恋模式而存在很大差异。

此外，每个人回避的程度也不尽相同。尽管有些人并不寻求与他人形成亲密关系，但他们看上去似乎很善于交际，他们的社交生活也看似很顺利。他们当中，许多人已经结婚生子，拥有正常的家庭生活。然而，如果踏入他们的私人领域，我们就会发现他们身上或多或少地存在一些问题。例如，生活中的他们没有朋友、跟家人没有交流、沉浸在自己的快乐中或没有性生活等。

独居者中，有真正孤独的人，也有接二连三更换伴侣的人。他们的共同点是避免真正意义上的亲密与需要承担责任的关系。

一个人的道德观和合作性也与他的成长环境等各种因素有关。回避型的人都缺乏同理心和共情能力，他们当中有人冷酷无情、对别人的痛苦漠不关心，甚至肆意侵占他人的利益；但也有人极端苦行、正义感极强、投身于社会事业。这两种人的相似之处在于，他们都拥有严酷的人生、缺乏充沛的人类情感。

换句话说，无论是温暖还是善良，都与回避型无关。

◎ 回避型依恋及相关人格

下面我将介绍八种可能与回避型组合出现的人格类型。

①回避性人格类型：强烈害怕被讨厌

回避性人格的特征在于敏感且容易受伤，即使是小小的失败或可能产生的责任，他们也会选择回避。这是回避型依恋的人格类型之一，具有回避性人格的人也有归属于焦虑型的。

他们的适应策略是，与其冒着可能遭受伤害和痛苦的风险去做些什么，不如消极地维持现状，以避免危险为优先。这除了与原本神经质且强烈焦虑的遗传特性相关外，也与父母的过度干涉及否定式教育有关。同时，个体在成长过程中经历过挫折事件也会加强个人的回避性人格。

这类人往往会回避亲密关系，并且消极对待其他人际关系。

具有回避性人格的回避型，会在人际关系中表现得更加消极冷淡。在他们看来，什么事都与自己无关。

具有回避性人格的焦虑型，则很擅长察言观色。他们在意别人的脸色，强烈需要别人的认同，往往会表现为下面所提到的依赖性人格。

②依赖性人格类型：擅长察言观色，不敢拒绝别人

依赖性人格的特征是过度在意他人的脸色，一味迎合他人。他们常认定自己无法一个人生活下去，必须取悦他人，以求他人的庇护。这导致他们也会迎合伤害自己的人，出现无法拒绝他人无理要求的情况。

依赖性人格多出现在焦虑型中。

但是，如果小时候在双亲掌控下长大，或是婴幼儿时期遭到放弃，则会同时表现为回避型。这种情况下，他们难以与他人融洽相处，老是看别人的脸色过活，太在意他人对自己的看法，导致自己的想法受到压抑，只能人云亦云，随波逐流。

另外，具有依赖性人格的焦虑型，容易产生强迫关心的问题。因为太想为配偶或孩子奉献心力，结果变成掌控狂，妨碍对方独立自主。

不过，安全型中也有依赖性人格，若能善用旺盛的服务精神及设身处地为人着想的能力，他们往往能成为家庭的良好支柱，也能在靠人缘吃饭的行业或服务业获得成功。

③强迫性人格类型：认真努力，责任感过重

小时候被父母强加义务，又无法满足父母的期望，孩

子就很容易形成回避性人格。如果在已经满足父母期望，又将父母的标准加诸己身，或是将父母的期望等同于标准的情况下，孩子就会形成以完成任务或承担责任为优先的强迫性人格。

强迫性人格重视秩序与规矩，把履行义务与承担责任当作自己的最大使命并为之拼命努力，这样的人容易变成工作狂。因为不重视自己，他们当中的很多人都患有抑郁症。

此外，拥有强迫性人格的回避型会更加重视义务与责任。他们往往显得过于严格、不容许例外发生。这样的个性会给原本因爱情而结合的家庭带来负面影响。原本该以共情为基础产生的依恋难免因此变得枯燥，就像是生长在沙漠中的仙人掌一样缺乏滋润。

对于具有强迫性人格的安全型，他们的义务感和责任感往往会得到他人的赞赏，他们也更容易适应社会。然而，人们往往无法与拥有强迫性人格的回避型建立亲密关系，通常只停留于表面的恭敬和礼貌形式上，因缺乏感情维系而难以深交。

此外，拥有强迫性人格的焦虑型很容易过度迎合他人并牺牲自己，从而感受到莫大的压力。

④自恋性人格类型——只爱自己、唯我独尊的人

自恋性人格特别重视自己，会通过自我特殊化或蔑视周围的人来保护自己。他们想从其他人身上得到的不是共情或对等的爱情，而是赞赏与恭维。

与表现出来的傲慢自大的态度相反，他们的内心其实很害怕自己受到伤害，遭受他人责难时，往往会表现出非常激烈与愤怒的反应。就算自己确实存在缺点及错误，被指出时他们不仅无法接受，还容易恼羞成怒。

他们的生长环境，往往是充满溺爱的同时缺乏共情。他们的父母通常有冷酷的一面，除非孩子能如父母理想的一般优秀，否则他们无法得到认同。

同样，拥有自恋性人格的安全型，只要懂得善用自信，就能获得很大的成就。相反，拥有自恋性人格的焦虑型，往往都非常自大且自卑，他们会因担心被抛弃而感到焦虑不安。他们不擅长面对挫折，在面对不同状况时的表现存在非常大的差异。

⑤反社会性人格类型：冷酷地压榨他人

反社会性人格类型属于伴随回避型出现的人格类型。他们与自恋性人格一样缺乏共情，但却不需要别人的赞赏，能满不在乎地做出受人批评的事，并从中获取自己的

存在感。冷酷地利用、压榨、攻击他人，是他们让自己感到愉悦的手段。

他们在童年时代通常不曾从父母身上得到充满共情的爱，只是不停地受打击。反社会性人格类型的形成也可以说是一种潜意识上的报复行为。他们无法拥有长久的依恋关系，与他人的关系也是常常说断就断。

⑥分裂样人格类型：与人相处不快乐，宁愿独处的人

分裂样人格难以与他人建立基于共情的亲密关系，这个特征与他们与生俱来的遗传基因有关。他们当中的许多人均同时患有自闭症谱系障碍（将在后续内容中介绍）。拥有分裂样人格的回避型对结婚和育儿毫无兴趣，只喜欢在自己的世界中追求乐趣。不过，如果是分裂样人格的安全型，则能与少数人建立起亲密的信赖关系，与伴侣及孩子之间的关系也很稳定。

⑦妄想性人格类型：连亲近的人都不相信

妄想性人格的典型特征是不相信他人。他们有着强烈的警戒心，不愿意暴露出内心情感或内在的一面，连最亲密的人都无法信任，甚至还会监视或掌控对方。

此外，他们通常都属于回避型与焦虑型并存的恐惧回避型。他们一方面想要有可以信任的人，另一方面却无法

相信任何人，进而特别容易陷入两难的境地。与他人的交往起初都很正常，一旦进展到亲密关系，他们便会立刻打开疑心病的开关，进而监视起对方。

妄想性人格类型通常会出现在回避型中，无论何种情况，他们都会与人保持距离，性格冷酷无情，试图用权力或金钱掌控他人。

⑧边缘性人格类型：游走于两种极端间，讨厌自己

边缘性人格类型的特征是，情绪与人际关系皆游走于两种极端间，会进行强烈的自我否定，并反复做出伤害自己的行为。

就依恋模式来说，他们多半同时属于焦虑型与未解决型。而未解决型的人的特征是，他们与养育者间的依恋创伤未被治愈，所以他们只要一想到养育者就容易失去理智。

不过，他们当中也有不少人属于恐惧回避型。他们往往会陷入既依附于家人，同时又对家人产生攻击性的状况，因此，他们特别容易变成"蛰居族"。另外，他们的内心和妄想性人格的人一样充满矛盾，既想相信别人又无法相信别人。此外，相较于妄想性人格类型一板一眼又固执的个性，边缘性人格的特征是见异思迁、反复无常。

综合来看,无论是哪种类型的人格,只要是安全型,他们生活上遇到问题会更容易解决,或对社会的不适应感亦相对较轻,也较容易发挥自己原本的特长,使人生进展顺利。非安全型的,在遇到障碍或陷入困境时,他们拯救自己最有效的方法是强化安全基地,成为安全型。

◎ 高功能自闭症和回避型

高功能自闭症(和"广泛性发育障碍"意思几乎一样)不是一种人格类型。它具有存在社会性缺失、过度敏感和坚持特定的行为模式等特点,是一个深受遗传因素等生物学因素影响的概念(回避型依恋模式这一概念是从依恋的角度来看待一个人的特征,与是否存在生物学因素无关。当然它也会受到生物学因素的影响,但相比之下养育因素的影响更大)。

过去,人们认为高功能自闭症的形成可能与遗传因素存在一定的关系。但近年来的研究发现遗传因素在其形成过程中发挥的作用比想象中小,养育因素等环境因素对人的影响反而更大。斯坦福大学的一个研究小组以双胞胎为研究对象,这项研究(Hallmayer et al., 2011)表明,高功能自闭症受遗传因素的影响不到40%。

　　遭到忽视的儿童也可能表现出与高功能自闭症患者无法区分的状态。这样的状态通常被称为抑制性依恋障碍，但在实践中，它通常被诊断为高功能自闭症或广泛性发育障碍。回避型的人也可能因为表面呈现的症状而被怀疑患有高功能自闭症。

　　值得注意的是，即使患有高功能自闭症，有些人的依恋模式依然是安全型，有些人则是回避型与焦虑型。在情况相似的前提下，人们往往会将安全型所表现出的遗传特征视为"人格"，这会让安全型的人将其视作自己的优势，从而更好地适应并且主动参与社会生活。

　　这意味着，无论是否受遗传因素影响，患有高功能自闭症的人并非一定表现为回避型。相反，他们也可以成为安全型。遗传因素不容忽视，但它对依恋模式的形成影响较小，依恋模式的形成会更多地受到成长经历的影响。帮助高功能自闭症患者康复时，最重要的就是确保他们的安全基地和安全依恋。这是永远都不会改变的真理。

| 第二章 |

为什么我们总回避

如第一章所述，尽管有各种各样的人格，但所有回避型的人都具有一定的共同点，如难以真正向他人敞开心扉，难以与他人建立信任和持久的关系。此外，回避型的人有时在一开始就会试图避免与他人产生联系。

回避型所具有的特征会对个人的人际关系、婚姻和育儿等产生很大影响。

现代社会崇尚个人主义，回避型的人的比例较以往更高，而且人数还在上升。对没有开化的原始部落和发展中国家的研究表明，回避型的人在前现代社会非常少见，可以说是几乎不存在的。事实上，在非洲多贡部落进行的一项调查中并未发现回避型的儿童，1985年在札幌进行的一项调查也没有发现回避型的儿童。然而，同一时期在东京进行的一项调查显示，有13%的儿童被诊断为回避型，这一比例与美国等发达国家相当。一项针对大学生的调查发现，有27.5%的大学生表现出了回避型特征（松下、冈林，2009）。

　　遗传因素会对依恋模式的形成产生影响，但养育因素等环境因素则会起到主要作用。如果回避型的人越来越多，那就意味着支持生存和物种延续的依恋机制正在发生变化。

　　本章中，我将介绍导致回避型的人增加的环境因素，尤其是养育环境的影响。

◎ 忽视和回避

　　多年来，忽视被认为是回避型形成的主要原因。反复向父母请求照顾和关注却被忽视并因此而感到失望时，孩子便不再对父母抱有期待，以避免再次受到伤害。这是一个生物学的适应过程，而不是心理过程。在此过程中，得不到回应的行为会逐渐被淘汰。例如，如果孩子哭着向父母渴求宠爱，而没有得到回应，孩子就不会再有这样的行为。所有的动机和行为只有在得到积极反馈（回报）时，才会维持和加强。

　　各种研究表明，如果孩子在依恋形成期没有得到父母的充分回应，他们将更有可能成为回避型的人。相反，如我在前文所提及的范登贝姆的研究所示，情感回应模式影响着亲子之间良好依恋关系的形成，父母在依恋形成期间增加对孩子的积极回应也可以防止孩子成为回避型的人。

◎ 缺乏共情回应

成为安全型的人的第一个基本要素，是能够获得回应和共情的安全且有保障的环境。回应是响应请求的反应。共情是设身处地为他人着想并理解对方的感受，通常会以回应的方式表现出来。因此，回应和共情最终会以共情回应的形式予以表现。

孩子向父母提出要求时，父母应该尽可能地理解孩子的感受并做出回应。这一点非常重要。如果对孩子的要求不予回应，或者强行灌输与其要求无关的内容，家长将无法发挥同理心，也就是无法做到上面所提到的共情回应。

所谓共情回应，就是要求家长要成为孩子情绪的镜子。家长可以从以下三个方面帮助孩子茁壮成长。

第一，让孩子感到被理解，从中获得安全感和满足感，开始认识到他人是令人愉快的存在。通过共情回应，家长可以更好地理解孩子的想法和感受，并与之建立起更深入的信任和联系。

第二，家长复制孩子的感受和意图，让孩子对自己的情绪有所了解。深陷情绪和欲望中的孩子，往往不知道自己的感受或自己想要什么。当父母能读懂孩子的感受，并以微笑、困惑等表情或语言回应时，孩子们就会逐渐理解事情发生在自己身上的意义。模糊、混乱的感觉和欲望也会得以用语言描述和命名，进而变得更容易被理解和处理。通过这种方式，他们会认识到，发生的事情并不是什么轰动的大事，从而获得情绪上的平静。

第三，通过家长反复的共情回应，孩子自己也会具备共情回应的能力。共情回应能使父母和孩子的情感产生共鸣，由此形成能彼此共享感受的相互关系。体验到与他人互动的快乐的孩子，自然会主动与他人互动并分享自己的经历。这种互动性进而培养了孩子的相互性和共情性，最终使他们能够对他人的需求做出共情回应。

然而，成长过程中缺乏共情回应的孩子，不仅不太可能对他人产生基本的信任，而且也无法培养共情能力。此外，他们也可能不善于理解自己的感受和需求。而这正是回避型的人的特征。

家长是否曾在孩子的儿童时期做到共情回应，将深刻影响孩子人格的形成，以及孩子对现实的适应性。尽管这是一个如此重要的因素，但现实中相当多的父母都无法给予孩子共情回应。即使父母认为自己对孩子做出了正常的回应，那也可能只是他们以缺乏共情的方式做出的反应。更糟糕的是，家长的回应有时与孩子的期望大相径庭。综上所述，缺乏共情回应可细分为不回应、没有站在孩子的角度做出回应、没有做出与孩子期望相一致的回应。

◎ 父亲的影响

回避型的母亲对孩子不够关心或缺乏回应，孩子就容易变成回避型的人。另外，父亲对孩子的影响也大得惊人。父亲对孩子漠不关心或缺乏回应，孩子大多也会成为回避型的人。例如：

N 的父亲是一位优秀的教师，以热心肠著称，本职工作之余，还会担任社团活动的顾问等。然而，父亲对 N 漠不关心，将育儿全权交给了妻子。父亲少言寡语，几乎不会主动发起话题。父亲心情好时，有时也会说 N 几句。但是 N 发问时，父亲却全然不会回答。如果其他家人想跟父亲多聊一聊，他也总是很快离开。N 从小就对父亲的表现感到好奇，很想知道为什么父亲不会给予自己和其他家人回应。

很多父亲在外人眼里看似反应灵活、善于交际，实则没有真正的朋友。现在想一想，你的父亲是否也不善于处理亲密关系，并避免与他人走得太近？时至今日，我终于知道了为什么父亲在我和他说话时会面带困惑地回到自己的房间。

如果说母亲是哺乳期婴儿眼中如同自己一部分的存在，那么父亲就是我们在这个世界上遇到的"第一个人"。父亲是否能给予孩子共情回应，孩子能否与父亲建立起安全依恋，都对孩子的人际关系有很大影响。弗洛伊德所说的恋母情结，也就是孩子对父亲的竞争和恐惧心理，可以通过与父亲形成安全依恋来解决。但是，如果孩子与父亲的关系淡薄，或者父亲对孩子而言是一个压抑的存在，那么孩子因父亲而产生的不适感和对父亲的恐惧感就会转变为对他人的感觉，这将对孩子的一生产生极其深远的影响。

◎ 关于霍弗

被称为码头工人哲学家的社会哲学家埃里克·霍弗[①]，以浪迹天涯、拥有波澜起伏的人生而著称。在某些方面，

---

① 埃里克·霍弗（Eric Hoffer，1902—1983）的一生十分传奇，其父母早逝，靠自学成就自己。

他的人生比他的哲学理念更超前。他不断逃避亲密关系，拒绝稳定的生活，这种持续地逃离与自我突破，构成了他人生的鲜明底色。

《灵魂炼金术：埃里克·霍弗名言大全》（作品社）

埃里克·霍弗曾逃避每一次机遇和缘分，就好像他一直拒绝成为任何人一样。他放弃了持久的人际关系和稳定的生活，拒绝所有的束缚。每当即将与他人发展为亲密关系时，他就会丢掉之前的生活并消失。

他曾作为橙子种植园的季节工辗转各地。直到49岁时，他终于在旧金山定居下来，并在担任码头工人的同时出版了他的第一部作品。他在逃避什么？为什么要逃避？或许我们能在他的成长经历中找到答案。

埃里克·霍弗在7岁时接连遭遇了母亲去世和自己失明两次人生悲剧。霍弗5岁时，母亲抱着他从楼梯上摔下来，这次事故导致母亲卧床不起，并于两年后去世。他的父亲是一名家具技工，受过良好教育，喜欢阅读和音乐，但父亲觉得盲人儿子是个负担，有时还会称他为白痴。

随后有证据表明霍弗属于心因性失明。失去母亲的经历对他而言一定是一件严酷且痛苦的事情，以至于他不想再看到这个世界。

盲人霍弗由一位名叫玛莎的德国女管家照顾。随着时间的推移，霍弗对玛莎产生了深深的依恋。

15岁那年，霍弗突然恢复了视力。然而，对于霍弗来说，这意味着他再次被逐出天堂。霍弗对玛莎的依恋更多来源于触觉与嗅觉，而非视觉。复明后的他无法再像以前那样依赖玛莎，于是两个人的关系日渐疏远。

之后，玛莎移居德国，霍弗则在书中寻求慰藉。然而，不幸再次降临，他的父亲去世了。

霍弗家族十分短命，没有人活过50岁。他的父亲也不例外。对霍弗来说，父亲的去世不仅仅意味着他失去了父亲，也印证他自己会早逝的诅咒。自此，霍弗无欲无求的生活态度和对世俗的冷漠进一步增强。

直系亲属过早死亡与分离意味着亲人的绝对缺席，其结果与忽视的作用相同。无论母亲多么慈爱，离世后也只能碧落黄泉，与孩子阴阳两隔。自记事起的丧亲和分离会在孩子的脑海中留下人际关系具有短暂性和无常性的烙印。它会阻碍他们形成持久的感情和依恋。幼时失去直系亲属的人更容易表现为回避型。下面讲的日本作家种田山头火就是一个典型的例子。

◎ 关于种田山头火

俳句诗人种田山头火与埃里克·霍弗的经历相似，都是不停地流浪，没有固定居所。在依恋模式上，他也是一个典型的回避型的人。他所遭遇的一切，和霍弗具有一定的共同之处。

霍弗在一场悲惨的事故中早早失去了母亲，而山头火则在10岁时因母亲自杀而被迫与母亲分离。弟弟出生后，山头火的母亲患上了结核病，独自栖身于长屋中，卧床不起。他的父亲不顾自己老婆的安危，在外玩弄女人。最重要的是，当时还有传言称山头火的弟弟将被人收养。这让他们勤劳负责的母亲觉得自己很不称职。

山头火的母亲趁孩子们在外面玩耍时跳进了自家井中。在母亲尸体被拉上来后，山头火因看到母亲恐怖的遗容，而不由自主地瘫坐在了祖母跟前。失去母亲成为伴随山头火一生的心灵创伤。

母亲去世后，祖母承担起了照顾山头火的重任。然而，他经常旷课，并且想尽办法避免让自己遭受伤害或感受痛苦。此外，虽然有足够的能力，但他从未付出过努力。以自暴自弃的方式度过人生最好时光的他，放弃了帝国大学，选择就读东京专门学校（现在的早稻田大学）。大约在那时，山头火开始投身于俳句和文学。

就像今天的网络和动漫一样，对于在现实世界中找不到安身之所的年轻人而言，文学成了他们完美的避难所。尤其是对回避型的人来说，这是比现实世界更安全、更有保障的归宿。山头火在俳句的世界中找到了自己的安身之所和存在价值。

失去依恋的对象会令人感到非常痛苦和紧张，而为了逃避失去依恋对象的痛苦，孩子的内心会产生一种"脱离依恋"的机制。换句话说，放弃依恋本身，是在逃避失去依恋对象的痛苦。回避型的特征通过反复脱离依恋得到加强。养育者与照顾者反复变化也会加剧回避型依恋倾向。

种田山头火（图片来源：每日新闻社/Aflo）

搬家和转学同样会对依恋造成损害。父母频繁调动工作并且反复搬家，更容易让孩子成为回避型的人。

◎ 过度掌控和回避型

童年遭到忽视一直被认为是形成回避型的主要原因。不过，研究发现，过度保护及过度掌控这两种乍看之下与忽视完全相反的状况，其实也会加剧回避型倾向。如今，在一般家庭中长大而成为回避型的孩子正在急速增加。这个现象形成的关键因素就是教养环境。

这是一个传统依恋理论无法解释的新发现。事实上，在过于严厉或过度掌控的父母身边长大的孩子，很容易成为不安全型的人，也经常表现出一些回避型特征。即使父母或周遭的人都认为孩子受到了无微不至的照顾，这种情况仍然有可能发生。

受到过度掌控的孩子在成长过程中多半以父母的意志为优先，无论做什么都会按照父母的命令行事。他们童年时代的生活环境就像是无形的"指令牢笼"。这个环境里生活的人长期处于被剥夺自由的状态，一旦离开这种状态，往往会出现空虚、有气无力、情感麻木等状况。为时两三年的无形的"指令牢笼"经历便足以让人出现身心不适的症状，从小到大生活在父母的监视下且一直被迫违背自我意愿的孩子身上会发生什么自不必多说。这种人生经历会严重影响他们的依恋系统，将多年来被动形成的行为习惯深植于他们的思维模式之中，并贯穿他们整个人生。

除无法清晰表达自我情感与意志之外，受到过度掌控的人往往还具有双面性。一方面，他们希望与他人发展亲密关系，另一方面，又无法发自内心地信赖他人。与其说他们的父母是他们的安全基地，倒不如说这些父母只充当了监视者的角色，因此，他们从小就会认为，让父母了解自己的内心想法是一件危险的事。

过度掌控孩子的父母通常拥有严肃的个性和强烈的义务感，容易受限于"非……不可"的思想枷锁。比起自然涌现的亲情或同理心，他们更重视能否达成目标、是否遵守规则或标准。

与孩子互动时，他们不会去觉察孩子的心情或需求，无法给予共情回应，而会根据自己认定的规则或标准，单方面下达指令。对孩子而言，父母强行要求他们做一些他们没有要求或不愿做的事情会让他们感到窒息。可以说，过度掌控型父母给予孩子的痛远大于爱。

乍一看，过度掌控型父母养育孩子的举动似乎与忽视完全相反，但现实是，无视孩子的需求、感受和意图也是一种忽视。说得更严重一些，他们不顾孩子的意愿强迫其采取某种行动的事实已经侵犯了孩子的独立性，因此，这其实是一种比忽视更严重的虐待形式。这种育儿模式所引发的问题可能更严重。但即便如此，深陷其中的父母和孩子仍然会被传统意义上的"好父母""好孩子"蒙蔽，完全意识不到问题的严重性，因此，过度掌控型父母的育儿质量可以说是相当差的。

◎ 过于追求正确的父母

S 的母亲易紧张、焦虑，所以 S 小时候从未被允许出门玩耍过。S 开始上幼儿园后，一直不太能融入新的环境；进入小学后，也非常不情愿去上学。对于 S 来说，身边的孩子们都是让自己不知所措的可怕生物，而大人则会让她安心许多。

S 的母亲是一个追求正确并时时刻刻遵守规矩的人，如吃饭时她会要求孩子把所有的东西都吃光，不允许剩饭。母亲认为孩子不应该挑食。对 S 而言，每天都在为吃饭而痛苦。她会把吃饭当成一种负担而不是乐趣。

许多年后，S出现了失去味觉的症状。很长一段时间，S都无法理解为什么有人会觉得吃是一种享受。每当听到其他人说"……很好吃"，她都会感到难过。她不懂，别人怎么能吃得这么开心?！一想到自己吃东西时品尝不出任何味道，只是机械地完成吃这个过程，S就非常沮丧。

由此可见，S的童年时代曾被一种"必须……"的责任感束缚。如果不履行职责，她就会遭到母亲的严厉训斥。S没有发自内心地享受某事物的经历，不知道自己想做什么，也不知道自己的感受是什么。她的日常生活里，只有母亲强加的规则和母亲的脸色。

无法识别自身的感受，也被称为情感缺失症（述情障碍），这种病症在回避型的人中十分常见。他们的独立性得不到尊重，常常被义务束缚，被迫服从他人，以至于自己的领域持续受到侵犯。

也可以说，孩子自己被迫放弃了自己的独立性，选择了被父母掌控。当反抗自己的父母并试图重拾独立性时，孩子往往会出现不良行为，甚至犯下罪行。反抗父母比选择不反抗要付出更大的代价。S选择了不反抗。对于紧张、焦虑、体力不支的S而言，似乎只有这一种选择。

没有反抗父母的 S 在家里和学校表现都很好，是名副其实的好孩子和优等生，成绩也相当不错。S 成功考入顶尖大学并在某大型企业找到了一份工作。但与此同时，S 也没有了积极向上的生活态度，对一切都提不起兴趣。

家庭教育方式所引发的问题很快就会在工作中得到体现。S 可以很好地按照说明书完成某项工作，但在从事需要创新的工作时，S 就完全不在状态，只能根据被赋予的规则和惯例被动地思考与行动。

◎ 创伤和回避反应

回避型依恋的成因包括忽视和过度掌控。在思考回避现象发生时，我们还必须考虑到"人们有回避伤害的倾向"，即试图通过避免受到伤害保护自己并维持生存。回避型依恋模式有这样一面，即为避免因期望而受到伤害，对忽视做出回避反应。此外，在父母的掌控下长大的人往往会变成回避型的人。这也是在一个人不被认可的情况下，通过抹去自己的真实感受和意图来避免冲突和伤害的结果。

回避反应有时是在应对持续性压力的情况下出现的，

但如果个人感到不适的程度很高，即使是短暂的压力也会引起回避反应。人们自然会避开有可能使自己遭到怒骂或殴打的人与场所。对于预想到的失败或责骂也会选择回避。

失败和受伤的经历是最常见的回避触发因素。对依恋关系伤害最大的是欺凌和排斥。

如果不能在心理上真正克服，人们便会担心类似情况再度发生，从而避免有可能与之相关的场所和情境。这样的心态在大部分逃学的学生和"蛰居族"的身上都有所体现。十几岁和二十几岁的人对尴尬处境或自尊心受到伤害等情况特别敏感。一旦有过这种经历，相关的记忆往往会在他们脑海里挥之不去，以至于他们在面对挑战或接近他人时犹豫不决。

回避反应具有暂时性，但如果情况严重且持续时间长，就会影响个人的人际关系和社会生活，进而导致选择退缩。此外，它还会影响依恋模式，安全型有时也会变成回避型。对于已经成为回避型的人，则会在原有依恋模式的基础上叠加回避反应。而进一步回避，会使社会生活和人际关系遭受更大的损害。

◎ 粗暴的父母和不能说出自己真实想法的孩子

形成与创伤有关的回避型的一个典型情况是，被粗暴的父母掌控或虐待。在这种情况下，从忽视孩子感受和意图的角度来看，其特点是伴随着对独立性的侵犯，孩子无法表达自己的真实感受。换句话说，回避型的形成是孩子很难表达自身真实需求的结果。

当然，在这种情况下，与基于善意的过度掌控相比，依恋关系会变得更不稳定，并且更容易表现为恐惧回避型。他们在寻求人际交往时不能真心地信任他人，从而导致他们难以适应社会，生活困难重重。

某名男性总是看别人的脸色行事，对本该相信的人所说的话，也心存怀疑。他曾反复向女友提出分手，之后又与其重归于好。他无法向他人敞开心扉，渐渐变得难以适应社会，以至于工作无法继续，最终成为一名"蛰居族"。

这名男性在人际交往过程中遇到的困难与其成长环境不无关系。他的父亲是个酒鬼，遇到什么不顺心的事情时，便会随时对他动手。他不知道父亲的铁拳何时会向自己挥来，于是整个人24小时都处于警惕状态中，并且很难表达自己内心的真实感受。

最终，他在家里和公共场合都变得沉默寡言。正如他所说，"自己做出决策的依据已经不再是谈话内容，而是他人的脸色"，即使是重要的人生决定，他也会敏感地感知周围人对他的期望并选择迎合这些人。这是他的人生，但他的人生仿佛并不属于他自己。长此以往，他反复感受到挫折，性格也越来越孤僻。

这名男性不仅仅是回避型的人，还表现出了对被人拒绝、被人抛弃很敏感的焦虑型特征。由此可见，他属于恐惧回避型的人，在依恋关系中既体会不到安全感，又容易陷入想被认可却又不信任他人的矛盾困境。

◎ 因父母不和而受到伤害的孩子

成为回避型的人的另一种成因是父母不和。孩子不仅依附于自己的母亲，与父亲也同样存在依恋关系。当父母陷入争执时，孩子会感受到如同"身体被撕裂般的痛苦"，他们最不愿面对的，便是父母相互攻击。

父母的离异与冲突会让孩子产生创伤，并对他们的依恋模式产生长久的影响。因看到父母吵架、离婚而深受伤害的孩子，无法积极看待爱情和婚姻。他们可能不会尝试与异性建立亲密关系，也不相信爱情会长久。

如果父母经常在孩子面前说另一半的坏话，也同样会伤害到孩子。生活在这种家庭环境中的孩子，无法真正相信父母。并且，持续接触消极和攻击性的情绪会导致他们的焦虑与抵抗，更会让他们不希望也没有兴趣建立亲密关系。因此，他们会在没有情感参与的远距离关系中感到安全，继而容易成为回避型的人格。

◎ 避免抑郁

无论是缘于被忽视与过度掌控，还是被虐待与父母不和等创伤，孩子的所有回避都是为了避免可能再次受到伤害的情况。换句话说，他们这么做也是为了避免抑郁。

受到伤害时，人们不仅会感到痛苦，还会表现出无助、自我否定，并且常常伴有抑郁情绪。即使试图通过反抗或抵制伤害自己的人来进行自我保护，也不能抹去他们受伤的感觉，他们受到的伤害往往会随着时间的推移渗透到内心深处。渐渐地，他们就会出现情绪抑郁、内心悲观、意志消沉的现象。

创伤事件会让人们不自觉地避免有可能使自己消沉的

情况。自尊心有可能受到伤害的场所和情况能让他们体验到最糟糕的感觉。无论是学校还是公司，都会让存在抑郁倾向的人产生强烈的排斥感，不愿前往这些场所。

本应作为安全基地并对孩子的成长给予支持的父母，有时也会伤害孩子的自尊和自信。在这种情况下，避免与父母产生联系是孩子保护自己的唯一方法。对父母表现出回避型依恋，可能是由于孩子从过去的失望中了解到远离父母才是最安全的。

以《在轮下》等作品闻名的德国作家赫尔曼·黑塞，即使在母亲临终前也避免去看望她，甚至在她去世时也拒绝参加葬礼。

赫尔曼·黑塞的母亲总是出于自身的责任感和标准来管教儿子，并持续将她的宗教信仰强加于人。可以说，黑塞一直被母亲的掌控欲折磨着。

赫尔曼·黑塞（图片来源：Picture Alliance/Aflo）

母亲只会给予黑塞负面的评价，但其实，黑塞更希望得到母亲的认可。母亲临终时，恰逢他的第一部小说即将出版。因为他担心在接触到垂死的母亲后，被迫承受她的否定与指责，会打破他好不容易维持的心理平衡，导致他再度崩溃。因此，他选择不去看望母亲。换句话说，他害怕自己会再次变得沮丧，害怕被自己试图掩盖的过去的创伤吞噬。

母亲去世后，黑塞仿佛卸下了一个重担，陆续出版了许多作品，以作家的身份声名鹊起。赫尔曼·黑塞这位未能得到母亲认可的作家受到了众多读者的热烈欢迎和支持。可以说，正是因为他疏远和拒绝了母亲，所以才会收获如此大的成功。黑塞的作品真实地描绘了自己的苦难和生活方式。通过向世人表明，即使母亲去世，自己的"领地"也没有受到侵犯，黑塞最终成功建立起了自己的文学体系。

不过，此时的黑塞并没有充分意识到自己与母亲之间的问题。他认为自己的痛苦是生活和青春期所特有的问题，或者说是时代和社会的问题。

直到中年，他再次抑郁并因此接受荣格的心理分析后，黑塞才充分意识到自己痛苦的根源。尽管拒绝了母亲，但黑塞并没有完全摆脱母亲的影响。对母亲的愧疚感在不知不觉中折磨着他，他开始用母亲曾经丢给自己的狠话惩罚自己。

| 第三章 |

社会的疏离化与回避型

—— 现代化、人口过密化和信息化催生的现象

◎ 信息过载和回避型

新西兰的研究人员曾公布过一项有趣的研究结果
（Richards et al.，2010）。他们针对大约4000人进行了调
查，研究了看屏幕（看电视、电脑等）的时长与对父母和
朋友的依恋程度之间的关系。结果表明，花更多时间看屏
幕的人对父母和朋友的依恋程度较低。

由此可见，信息化带来的生活方式的改变，或许正悄
然改变着人们的依恋模式。除父母的教养之外，我们可能
已经被影响依恋模式形成的众多因素包围。

人类目前生活在有史以来信息最为密集的社会。每年
产生的数据量已远远超过10万亿太字节。这个数字意味
着，每年产生和传播的信息量是有史以来所有书中所包含
信息量的1000多万倍。字节是信息量的基本单位，1000字

节为 1 千字节，1000 千字节为 1 兆字节，1000 兆字节为 1 吉字节，1000 吉字节为 1 太字节。换句话说，1 太字节大约为 1 万亿字节，而 10 万亿太字节则是 1 万亿字节的 10 万亿倍。这个信息量非常大，可谓天文数字。

然而，无论我们如何努力，人类大脑每秒所能处理的信息仅有 126 字节。就算以最快的速度不眠不休地处理信息，一个人一年处理的信息量也不会达到 4 吉字节。本书的文字信息量大约为 200 千字节，而 4 吉字节相当于 20000 册本书的信息量。让一个人一年读 20000 本书简直就是天方夜谭。

但如果是看视频，情况就不一样了。例如，一部两小时的电影包含大约 2 兆字节的信息量。4 吉字节相当于 2000 部时长两小时的电影。要在一年内看完 2000 部电影，平均每天要看 6 部，也就意味着你每天要拿出一半的时间来看电影。这比一年读 20000 本书更现实，而且还能确保睡眠时间。尽管如此，我们仍然要牺牲很多用在其他事情上的时间。因此，这不仅是一种非常痛苦的生活，对人类大脑处理信息的能力也是一种考验。

如今，将半天以上的时间用来看屏幕的人并不少见。这些人的生活已经对大脑的极限处理能力造成了威胁。

研究表明，接收到的信息过多或信息极度不足时，人将更容易受到精神掌控。只有在适度的信息负荷下，人脑才能保持独立性，做出合理的判断，顺利地处理信息。换句话说，人类需要思考的空间。

举例来说，请你想象一下，有一张桌子上摆满了书籍、杂志、文件等各种物品，唯独没有放置笔记本的空间，而另一张桌子上只有必要的材料，空间十分充足。什么样的环境更适合思考和判断显而易见。

现在，我们常常处于如同桌子堆满没有空间来铺开笔记本的状态。因为信息太多，人们很难看到重要的信息。这意味着人们会根据碰巧看到的信息做出判断。不知不觉中，我们失去了正确处理信息的能力，很容易被周围的宣传引导，并且被偶然的刺激左右。

由此造成的众多危害中，最令人担忧的可能就是对依恋的影响。信息过载和信息依赖可能会剥夺人与人之间，尤其是与伴侣和孩子互动的时间，或降低其互动的质量。考虑到依恋是一种用来维护育儿关系的进化机制，依恋模式的转变不仅会改变我们的人际关系和社会生活，也会使婚姻关系和育儿变得困难，进而对人类的生存构成极大的威胁。

◎ 越是不安全型，越会依赖媒介

一些研究表明，被父母虐待或与父母关系不稳定的人更容易沉迷于网络。此外，网络成瘾者的父母往往在养育态度上缺乏情感温暖，时常对孩子过度干涉，时常拒绝孩子的请求或给予孩子惩罚。

事实表明，依恋缺失的人更容易向互联网等信息通信媒介寻求庇护，并且形成依赖。

依恋缺失的人似乎更需要与他人互动的时间、用于思考的大脑空间，但事实恰恰相反。通过阅读获取的信息量其实是比较少的，但如果依赖于通过图像媒介获取信息，信息负荷将会变大，大脑也很容易不堪重负。

媒介依赖不会让人的心灵和头脑得到休息，也不会让人的情绪得到梳理，反而会导致严重的疲劳感，以及加重嗜睡和抑郁状态。而且，这样的情况持续的时间越长，人就越难恢复正常状态。结果，依赖媒介的人会越来越专注于网络世界，远离真实的人际关系。这种恶性循环也是"蛰居族"越陷越深的原因之一。

起初，他们遇到的可能只是一个小小的绊脚石，经过一周或一个月的休息，应该就可以继续前进。而当今社会布满了回避固定装置，人们可能需要数年时间来恢复。如果出现问题，甚至在接下来的 10 年或 20 年里人们可能都将持续处于"蛰居"状态。

让人忘记时间流逝的信息通信媒介现在就在我们的房间里或手掌中。一旦沉迷于网络，我们就会像浦岛太郎[①]一样，感觉 10 年、20 年一眨眼就过去了。就算想要回到原来的世界，也会因为距离太远而不容易实现。

◎ 与药物依赖类似

媒介依赖还有很多弊端。2012 年，中国科学院武汉物理与数学研究所的雷皓教授等人利用最新的 DTI（弥散张量成像）技术检查了青少年网络成瘾者的大脑。研究发现，眶额皮层、前扣带回、胼胝体等大脑白质中，存在神经纤维紊乱增加和密度降低的现象。这恰恰是药物依赖的特征，换句话说，网瘾也有可能致损青少年大脑。

前扣带回与多种情绪相关脑区存在神经连接，是情感

---

① 浦岛太郎的传说在日本可谓家喻户晓，讲述了一位名叫浦岛太郎的渔夫，因救了神龟而受邀前去龙宫游玩，并受到了龙女的盛情款待，但他在归家后发现自己认识的人早已不在人世了，故事的最后，他因好奇打开礼物玉盒而瞬间变成老头。

类神经环路的重要节点。有报告称，长时间玩暴力游戏的人，其在共情行为中具有重要作用的前扣带回的功能会降低。

研究表明，严重的信息媒介依赖存在影响神经系统本身的发育，并改变其结构的风险。

此外，其他功能性 MRI 研究也有类似的发现。例如，有研究结果显示，网瘾青少年的大脑右侧眶额皮层厚度显著低于对照组的青少年（Hong，2003）。眶额皮层是人类情绪产生的主要神经机制，介于自动情绪反应和控制复杂行为的脑机制之间，被称为奖赏系统，其厚度的减少会导致嗜睡和难以抗拒冲动等状况发生。

因此，就像药物依赖一样，网络成瘾也会对大脑产生负面影响。长时间盯着屏幕，使用同一大脑回路，对大脑的影响不亚于物理损伤。

当然，除直接影响外，互联网依赖的间接影响也不容忽视。这将导致人们与现实互动，以及和亲朋好友度过温暖时光的机会减少；而用大脑进行机械和非共情性操作的时间增加，将会加剧回避倾向。

◎ 改变养育方式

从某种意义上说，信息化可以视为社会近代化进程的最终阶段所引发的变革。过去几十年，包括工业化、城市化和核家族化①在内的一系列发展，深刻改变了儿童的养育方式。在社会不断发展的过程中，原来只专注于孩子的母亲，已无法投入过多的精力在孩子身上。

家用电器的发明与普及大大减少了人们做家务的时间，这让母亲有了更多的时间，但母亲变得更加忙碌了，她们现在在工作和爱好上花费的时间和单身时一样多。从某种意义上说，我们可以将女性生活状态的改变称为"解放"。尽管母亲的家务劳动负担减轻了，但她们与孩子的关系却并没有变得更亲密了。即使在婴儿期，年幼的孩子也将不得不面临母亲的"缺席"。

当今社会，人们往往会把这种现象视为理所当然，但对于其他哺乳动物而言，这简直不可想象。母亲在孩子断奶前会一直将其紧贴在身旁，或把它们放在身边，不让它们离开自己的视线。这是哺乳动物的一种本能。强迫孩子

---

① 核家族化指的是家庭成员核心化，即仅由夫妻，或者是夫妻（单亲）与未婚的子女所组成的家庭。

和母亲做太多的其他事情，是违背他们本能的行为。

从孩子那里剥夺母亲关注和照顾的不仅是她们的工作和爱好。现代母亲经常查看手机、电脑信息或观看电视，而不是凝视孩子的脸庞，并对他们的反应做出回应。

这样一来，孩子出现状况时，母亲可能无法及时应对。母亲可能会试图在自己方便的时候照顾孩子，但这并不是真正意义上的回应。孩子被迫迎合自己母亲的一时兴起其实与被彻底忽视并无太大的区别。

此外，随着核家族化和小家族化，父亲经常不在孩子身边。除母亲外没有其他人可以回应孩子，孩子处于很容易被忽视的境地。母亲做自己的事情时，试图让视频与电视陪伴孩子的情况也很常见。

视频和电视只是单方面地播放图像和声音，并不会回应孩子。无论孩子是讨厌、高兴还是哭泣，都会遭到忽视。这样的环境与充满共情回应的环境完全相反。虽然人们还没有深刻意识到，但这其实也是一种忽视。

◎ 现代化与危机中的依恋系统

依恋最初是维系亲子关系的纽带。依恋越发缺失且越来越多的人成为回避型后，婚姻关系的维持问题和育儿问题将层出不穷。依恋缺失的回避型的适应策略在未来是否仍然适用呢？

母亲本能地害怕孩子离开，而孩子也拒绝与母亲分开。长久以来，幼儿一直在与母亲的完全且密切的接触中长大。对未开化部落等的调查也证实了这一点。人们认为，过去的婴儿期往往比现代的要长得多。过去，人类最初普遍采用母乳喂养，并且一直持续到孩子三四岁。

然而，现代人几乎已经把婴儿期的育儿工作当作了一个不可避免的重担。这也导致了母亲和孩子的迅速分离。有趣的是，在现代资本主义的发祥地——西方国家，这一趋势愈演愈烈。在这些国家，人们普遍认为，如果能进行有效的营养和环境管理，则不需要母亲和儿童进行密切接触。

尤其是在德国北部，当地父母鼓励孩子从小就独立，而不是溺爱他们。据报道，该地区的回避型儿童人数比例是其他欧美地区的两倍以上。

◎ 新生儿室、婴儿床和托管所

为有效育儿，新生儿室、婴儿床、托管所已然成为育儿领域的常见事物。新出生的婴儿通常会与他们的母亲分开，被迫聚集在一个叫作新生儿室的地方，在那里度过人生的初期。他们的头和身体经过了高强度的挤压，终于降生在这个世界上，却马上就与母亲分开，被放在没有一点人情味的房间里，他们的哭泣声此起彼伏，充斥在小小的新生儿室。无论是从依恋的形成还是从对婴儿造成的压力来看，这种处理方式都非常不妥。

为了让产妇休息好，也便于观察和管理新生儿，现在孩子一出生便会被转移到新生儿室。在这样的管理下，孩子只有在进食时才会看到母亲。如果母亲的奶水供应不足，护士会给孩子喂养奶粉。通常情况下，孩子会在新生儿室度过一周左右的时间。在人生的最初阶段，他们便有了即使大声哭喊也无法得到回应的痛苦经历。这有可能是他们形成回避型的第一步。

但对于自然状态下的新生儿与母亲来说，不太可能出现上述情况。自然状态下，母亲会时刻把孩子抱在身边，不太允许外人靠近。更不用说让一个陌生人接触自己的孩子。基于有效管理这一基本方针，现代科学可能会在依恋和给孩子带来的压力方面造成意想不到的后果。孩子仅在与母亲分离两三个小时后，就能在他们的大脑中发现由此产生的影响。从 20 世纪 60 年代中期开始，前往医院分娩变得非常普遍，大多数孩子有过被送往新生儿室的经历。大约在同一时间，随着美式育儿方式的传播，与婴儿同睡的做法被摒弃，越来越多的家长开始让宝宝单独睡婴儿床。

人们认为，婴儿床的作用是锻炼婴儿的独立性，防止后期与母亲分开时哭泣，从而减轻母亲的育儿负担。因为能较快使孩子独立，婴儿床受到父母们的热情追捧。

但是，至少就日本目前的情况而言，不得不说，关于婴儿床是否有助于孩子独立的问题，仍然没有一个确切的答案。要知道即使孩子看起来很独立，他们也可能不是真正的独立。小时候睡婴儿床的经历只是帮助他们成为回避型，甚至可以说，这让他们在懂事后难以与他人建立亲密的人际关系、难以与伴侣建立稳定的关系，其实是阻碍了他们真正意义上的独立。由此可见，疏远或不再娇宠无法让孩子独立。

20 世纪 70 年代，职场女性占比增加，婴幼儿托管所成为职场妈妈的新宠。不可否认的是，这对孩子依恋的形成也有很大的影响。一些研究表明，如果儿童在育儿机构度过了零岁至一岁，习惯于远离母亲，那么这些孩子更有可能在不知不觉中成为回避型。正是因为曾被迫处于即使呼唤也无法得到回应的环境当中，所以孩子成为回避型算是一种自然结果，他们出现回避行为的风险也会增加。

此外，高度焦虑的儿童会通过哭闹，或表现出攻击性和一些身体症状等来向母亲发出求救信号。

如上所述，现代资本主义发展起来的育儿方式低估了依恋的重要性，在破坏依恋的同时又刺激了回避型的形成。

◎ 不幸的连锁加速了问题的发生

依恋模式的形成往往取决于人们后天经历。换句话说，如果父母是不安全型，那他们抚养的孩子很可能会形成更加不安全的依恋模式。到了第三代人，问题将更加严重。

成长过程中因母亲过于忙碌而没有得到充分关注的儿童往往会成为回避型的人，并采取回避的方式来应对自己所面临的处境。回避型的孩子为人父母后，将在工作和爱好中找到比育儿更多的乐趣，因此，他们在成为父母后往往会对育儿愈发不关心。由此可以看出，由回避型的父母抚养的孩子会成为更加严重的回避型。

现代社会，边缘性人格障碍（对被遗弃有强烈的焦虑，会有反复自残等行为的情绪不稳定型人格障碍）等不安全型、回避型的人的增加具有一定的必然性。一个人尝试索求得越多，就越受伤，边缘性人格障碍的痛苦就是明证。因此，在缺乏情感养分的环境中，最合理的生存适应策略是完全停止索求。

回避型的人的形成不仅是个人问题，也是整个社会的问题。生活在当今社会的人们正在从"草原田鼠"转变为"山地田鼠"。如果变化不可避免，我们就要在这种情况下寻求适合回避型的人的伴侣关系和教养方式。

第四章

回避型的人的爱情

正如前面所提到的那样，不安全型的人往往会在处理亲密关系的过程中遇到诸多困难，并且很难照顾到与自己关系密切的孩子与伴侣。然而，同一困难对不同人而言有很大的不同，具体区别取决于这个人的依恋模式是焦虑型还是回避型。关于这一点，本章将以回避型的特征为核心做出更加详细的阐述。

◎ 难以建立亲密关系的原因

回避型的人不善于自我表露。从表面关系发展为亲密关系的一个重要环节是让对方了解自己是谁，了解自己的感受和生活状态。因此，避免自我表露会使回避型的人与他人建立亲密关系变得困难。也就是说，避免自我表露和坚持秘密主义会成为一个人与他人形成亲密关系的阻碍。

回避型的人不善于表达情绪感受，特别是会强烈抑制自己喜悦、关心等积极的表达。这导致他们给周围的人留下了消极和不可接近的印象。尽管积极的情绪表达可促进亲密关系的建立，但对回避型而言，还是太难了。

此外，回避型的人对自己的感觉和情绪模糊不清。这是压制自我表露和情绪表达的结果，同时这将成为影响他们的负面因素。

虽然情感难以用理性完全解释清楚，但实际上，它们在决策中扮演着至关重要的角色，因为情感为我们提供了行为指南。

例如，纠结要不要和某人结婚时，如果爱，并想永远和对方在一起的感觉及愿望很强烈，就不会犹豫太久。然而，当爱的感觉缺失、意愿不强时，人们便无法确定自己喜不喜欢对方、是否愿意和对方在一起。

为明确这些问题，需要一种无法用理性解释的激情，如无条件的爱，或者就是想和对方在一起的冲动。然而，回避型的人不太可能凭借那一份激情勇往直前。他们会冷静理智地思考：因为对方的原因而结束这段感情的风险，以及由此对自身造成的伤害等，所以他们无法热情地去面对一段感情，甚至会因为怕麻烦而决定放弃。

◎ 回避型的育儿

一份对大学生的调查发现，回避型的人表示对未来拥有孩子的兴趣不大，而且他们认定自己无法从育儿中得到满足感。此外，一项针对回避型的父母的调查发现，他们觉得自己与孩子很疏远，而且不喜欢与孩子建立亲密关系。

事实上，回避型的父母对孩子的感受漠不关心这一现象特别常见。他们会试图让孩子按照他们的想法做事，在意的是孩子能否完成他们所下达的任务，而几乎不会对孩子的努力和感情给予关注。

此外，远离孩子时，回避型的父母也会相对平静，显得不那么焦虑。作为哺乳动物，这可以说是一种异常表现。与回避型的母亲不同的是，焦虑型的母亲很容易因为离开孩子而感到焦虑和紧张。从某种意义上来说，她们的这种表现才是哺乳动物的正常反应。但是，如果在孩子十几岁甚或二十几岁之后，母亲仍然对孩子的离开抱有同样的焦虑感，可以说是极不正常的。

此外，回避型的父母在孩子遇到困难或需要帮助时，往往会显得更加冷漠或干脆对孩子置之不理。孩子开心或大笑时他们会给予回应，但当孩子哭泣或难过时，他们的反应反而会减弱。

换句话说，回避型的父母在育儿过程中很可能与孩子的需求产生矛盾，孩子越是迫切地需要父母，他们就越容易漠视孩子的情感需要。

◎ 回避型的爱情

回避型的人对自己的伴侣也漠不关心且反应迟钝。他们会在身体上与伴侣保持距离，避免过多接触，并采取不配合的姿态。回避型的人会让伴侣按照他们的想法做事，但对于对方的感受却从不给予回应。

试图通过与他人保持距离来保护自己是一种回避型的策略，如果自身安全受到了威胁，这种做法还会进一步加强。有研究报告称，伴侣遇到的困难越多、表现出的痛苦越强烈，回避型的人就越会做出愤怒、消极的反应（Simpson et al.，1992；Rholes et al.，1999）。

乍一看，回避型的人可能会在爱情中表现得很投入，但这与其说是自然的感情流露，不如说是他们理性权衡的结果（不投入反而更麻烦，装出投入的样子对他们更有利）。

对于他人的痛苦，回避型的人所采取的态度往往是冷淡、漠不关心、愤怒、沮丧或怜悯。这里的怜悯不是平等地给予对方同情，更像是高高在上的人对落难之人的蔑视。他们不会站在对方的立场上给予共情。某实验曾对依恋模式的影响进行了考察，夫妇中的一人被要求执行一项会令人感到紧张的任务，而另一方则充当安慰者。结果，回避型的人无法很好地扮演安慰者的角色。即使自己的伴侣遇到麻烦，回避型的人也不会受到太大的影响。

此外，回避型的人有时会觉得他人痛苦的样子很有趣。这与回避型的儿童更有可能成为欺凌者的道理如出一辙。

◎ 焦虑型的育儿和爱情

分析回避型的特征时，对与其完全相反的焦虑型进行了解将有助于加深理解。

焦虑型的人容易陷入负面情绪循环。因此，他们不会客观地看待事实，不会给予他人所需的帮助，反而总是大惊小怪，小题大做，错过重点。

有实验表明，焦虑型的人在目睹他人的痛苦和苦难时会比安全型的人感受到更多的压力（Britton&Fuendeling, 2005）。例如，焦虑型的人看到他人受伤流血，会把自己代入其中，而无法给予对方适当的治疗。同样，他们在面对痛苦的孩子与受伤的伴侣时亦是如此。

因此，焦虑型的伴侣或父母不太可能帮助自己的另一半或是孩子解决他们所面临的问题，反而会给出情绪化建议或进行不必要的干预，从而挑起事端。

此外，除非对方清楚表达想要什么，否则焦虑型的人无法意识到对方需要帮助。这样看来，他们与回避型的人相似，不善于察觉他人需要或想要的东西。不同的是，回避型的人对他人的感受无动于衷；而焦虑型的人更关注自己的感受和情绪，无法平静地看待他人。

焦虑型的人极度渴望与他人建立亲密关系、获得快乐和得到欣赏。所以他们会试图非常努力地照顾他人。其实，焦虑型的人中，很多人被自己或他人视为好母亲（父亲）、好妻子（丈夫）。然而，与安全型的人相比，他们所扮演的角色并不总是发挥应有的作用。照顾他人时，焦虑型的人往往会以自我为中心，而不是将他人放在首位。

从本质上讲，照顾孩子是为了给予他们支持、帮助他们成为独立的人。这种情况下，提供帮助远远不够，有时还需要根据孩子的感受和情绪给予他们温暖。

但是，焦虑型的人往往会把照顾孩子这一行为本身作为目标。换句话说，他们很可能会过度保护、过度干预孩子，最终引来孩子的愤怒、反感。有时他们会像对待宠物一样把孩子禁锢起来，阻止其积极探索外面的世界，对孩子自立所需的社会技能和恋爱体验等持否定态度，因为他们内心深处害怕被孩子"抛弃"。

一些由焦虑型的父母抚养长大的孩子会切实体会到这一点。于是，他们开始觉得父母是自己的累赘，想要摆脱父母的桎梏。能够真正高举反抗大旗并成功的人非常幸运。即使他们对父母心怀愧疚，他们也成功地走上了自己的路。然而，无法摆脱父母的束缚并继续沉溺于其中的人，最终会成为父母的一个"玩偶"，无法表达自己的喜怒哀乐。

◎ 父母的互补性和协同效应

每一个孩子都有自己的父母。父母双方旨在共同育儿。即使一方是回避型的或焦虑型的人，只要另一方是安全型的人，就可以弥补一方在育儿方面的不足。

但是，如果父母都是不安全型的人，就容易产生负面的协同效应。不仅双方的关系容易变得不稳定，在育儿过程中双方也可能产生许多不同意见。

事实上，科恩等人的研究（1992）发现，即使母亲是不安全型的人，但只要父亲是安全型的人，仍然可以对孩子提供很好的支持，并对其有所帮助。母亲对孩子的态度不仅取决于母亲的依恋模式，还会受到伴侣依恋模式的影响。

焦虑型的母亲和回避型的父亲，这样的组合是一种常见的家庭成员组成模式。父亲对孩子漠不关心，在育儿上无法给予任何协助，把责任全部推给母亲，而自己却不断地对孩子进行情绪化的指责或警告。有时，父亲的介入还会惹恼母亲，火上浇油。在这种情况下，孩子会害怕自己的母亲，产生反抗心理，并对父亲没有一点依恋。

依恋体系能为育儿提供保障。依恋体系能使孩子从母亲那里获得爱，能令母亲时刻给予孩子爱护，也能令父亲通过夫妻配合来育儿。家庭结构是依恋体系的延伸，家庭本来就有保护孩子成长的作用。

依恋体系无法正常运转时，父亲和母亲之间的联系将首先开始松动，继而将这种松动蔓延至母亲和孩子之间。这时父亲不再协助母亲育儿，母亲也发现育儿面临重重困难。依恋体系的崩溃就是家庭的崩溃，同时也是育儿保障体系的崩溃。

◎ 在护理态度上也有所体现

依恋模式会强烈地表现在一个人与伴侣和孩子的关系上，同时在对父母的态度上也有所体现，尤其是父母年纪渐长需要照顾时。

即使父母就在身边，回避型的孩子也非常容易忽略他们。他们会认为照顾父母是一种负担，很有可能将父母安置在养老机构中，把照顾父母的事情全权交由他人（Crispi et al., 1997；Carpenter, 2001）。过度关心孩子的焦虑型的人却往往无法成为父母坚强的后盾。

即使父母患上了痴呆症，也仍然会对孩子有所依恋。双方团聚时的不同反应实则体现了依恋模式的差异。一项观察患有痴呆症的父母与子女团聚时反应的研究发现，孩子的依恋模式为安全型时，父母会很高兴见到对方，但如果孩子的依恋模式为不安全型时，父母则会显得十分冷淡或感到尴尬。孩子的依恋模式反映了自己与父母之间的依恋关系，也反映了父母对孩子的依恋情况。

如果父母反应冷淡或消极，孩子探望和照顾他们的积极性就会降低。就像父母会越来越疏远孩子一样，孩子也会越来越不亲近父母。

从依恋的角度出发，目前高度机构化的护理体系是非依恋型社会稳步发展的结果。当下，孩子不太可能看到父母照顾年迈的祖父母。即使一个人生来就有照顾他人的本能，但成长过程中没有这种经验的孩子只会觉得那是一种负担。

个人主义和自我中心主义的价值观、生活方式对回避型依恋的形成产生了很大影响。社会正处在转型时期，即从传统的"熟人社会"向"陌生人社会"变迁。在这样的社会环境下，人们可能孤独终老。

◎ 依恋和性活动

依恋模式会严重影响人们对性的兴趣。安全型的人更容易准确了解伴侣的生理需求，并在敏锐地觉察后及时地给予回应、满足伴侣的要求。他们不会排斥性或为此而感到焦虑，甚至在只出现单方面有兴致的情形下，他们也乐于享受与伴侣之间的情感交流。

同时，安全型的人在面对性高潮时，可以更自然地引导对方，或者把自己交给对方。他们对性爱的满足度高，又很少过度沉浸于性爱之中，更不会出现性滥交的情况。

安全型的人对性的认知偏向于与固定的伴侣建立长期的关系。他们认为，彼此的理解和体贴是享受性亲密的前提条件。安全型的人能够很自然地形成这种观念，并从长期稳定的亲密关系中获得很大的满足。因此，他们通常对追求新奇、刺激的兴趣不高。

不安全型的人难以从相互信赖的亲密关系中获得愉悦和满足，新奇的刺激对他们而言更有魅力，因此，他们与伴侣的关系通常也不长久。

在对待性爱的态度上，焦虑型的人和回避型的人又有着较大的差异。

对于焦虑型的人来说，性具有重要的意义。然而，对于回避型的人来说，性却不是太重要的东西。焦虑型的人往往认为，性伴侣是支撑自己的重要存在，性行为是自己对伴侣给予支持的回报，也是自己得到伴侣支持的证明。另外，对回避型的人而言，性行为不会带来太多快感，也无法成为他们安全感的来源。性生活对他们来说更像纯粹的生理需求，只是人类生存所必需的行为之一。

回避型的人无法从性体验中获得精神的愉悦，再加上他们经常对他人持否定态度，所以性行为对他们来说，只会诱发他们的焦虑情绪，很难给他们带来欢愉。事实上，回避型的人多半缺乏性经验，就算已经有交往对象，发生性关系的次数也比非回避型的人少。

一份以同居情侣为对象的调查发现，即使和伴侣同居，回避型的人与对方过性生活的频率也比较低。另外，回避型的人进行自慰的频率高于其他依恋模式的人，可见他们较能从完全处于自己掌控的性行为当中获得乐趣（Bogaert&Sadava，2002）。

回避型的人只有在不需背负长期责任的关系中，且不用烦恼这段关系是否会给自己造成负担时，才能真正地享受性。回避型的人一旦被要求结婚或建立长远的关系，性欲就会降低。因为责任会使他们感到焦虑，从而无法投入性生活之中。以生子为目的的性行为对他们而言更是如此。这样的关系非但无法让他们享受其中，反而还会让他们把性行为当成一件苦差事。

有一部在工薪阶层中人气很高的漫画叫作《课长岛耕

作》①。该漫画的连载始于日本经济泡沫时期，讲述了主人公岛耕作的爱情生活，我们可以从中发现回避型的人的一些典型特征。

岛耕作与妻子的关系从故事一开始就不太好。他的妻子有外遇，但他并没有去追究。他自己也不检点。最令他欣喜的是与他发生关系的女性除了性之外对他别无所求。他无条件接受了妻子提出的分居与离婚要求，虽然深爱着孩子，但面对与孩子的分离，他仍然做到了镇定自若。所有与岛耕作发生关系的女性都是主动接触他的。对于自己喜欢的女性，他从来都是小心翼翼，绝对不会主动出击。

岛耕作属于团块世代②的一员，这部漫画的读者也主要是"二战"后的婴儿潮一代。他们当中很多人对这部漫画的主人公产生了共情，这意味着回避型在当时已经开始在婴儿潮一代中蔓延开来。

---

① 《课长岛耕作》，在日本销售超过一千三百万部，并于 1991 年获得第十五届讲谈社漫画赏的殊荣。

② 团块世代，是指在 20 世纪 60 年代中期推动日本经济腾飞的主力，是日本经济的脊梁，专指日本在 1947 年到 1949 年之间出生的一代人，是日本"二战"后出现的第一次婴儿潮人口。

◎ 回避型的性不需要过程

一般人在进行到性爱阶段前，通常会先经过追求、约会、恋爱等好几道复杂的程序，也会花上一些时间和金钱。然而，对回避型的人来说，这个过程非常麻烦。就算已经发生过性关系，回避型的人也会担心日后对方要求结婚，或是万一花了时间、金钱努力约会，却因为自己不小心惹对方不高兴而在要求发生性关系时遭到拒绝。

在萍水相逢的人或性工作者身上发泄性欲的人，有很多都属于回避型的人。

曾经有个三十几岁的男性找我咨询。他有一份专业性很强的工作，在职场上表现完美，和同事关系良好，有个美丽的妻子，也有小孩，家庭生活看起来一点问题也没有。然而，表面光鲜的他有个不为人知的秘密，那便是他习惯性出轨。这个恶习始于婚前，他和女友（现为妻子）交往期间。最初他是因为和女友见面频率减少，为发泄性欲而开始出轨的。结婚之后，他仍然瞒着妻子持续这种行为。他并非对妻子没有性趣，对婚姻生活也没有任何不满，只是戒不掉和素不相识的女人发生性关系的习惯。

但是，他完全没想过要与某一固定女性发生婚外情或谈恋爱，只想通过不拖泥带水的一夜情发泄性欲就好。和初次见面的女性发生性关系只能满足肉体欲望，无法带来精神上的满足。从这个角度出发，他的妻子显然更有魅力。但就单纯发泄性欲而言，萍水相逢的女性则方便得多。

他还有一个很大的特征，那就是乍看之下性格开朗、为人随和，具有较强的社交能力，却没有一个称得上好友的朋友。这种情况从高中持续到了现在。他在学校里虽能与人愉快交谈，却从没想过和谁私下往来，也从来没有交过会去彼此家玩的朋友。如此看来，那个善于社交的他就像是在演戏，但他并不想连私人生活都要角色扮演。他就是所谓的回避型。

他在母亲的过度保护下长大成人。从小到大，他的任何事都由母亲决定，他过着对母亲言听计从的生活。他的母亲对孩子过度关爱，大概率属于焦虑型的人。焦虑型的母亲通常会过度掌控孩子，继而让孩子成为回避型。与人相处令他们喘不过气，难以感受到人际交往的快乐。不带感情的性爱可以避免烦躁，同时能单纯地满足欲望，带来征服异性的快感。对他们而言，这种行为极具吸引力，甚至还能填补他们生活中的枯燥无聊。

以他的状况来看，幼时被母亲溺爱的经历让他出现了宛如自恋一般的自我全能感。为满足自我全能感，随心所欲征服女性的行为正好符合根植于他深层心理的欲求。这就是所谓的阳具自恋。虽然他在获得满足的同时，有时也会有罪恶感。对他来说，这种行为或许代表着自己从母亲与妻子的掌控中获得了解放。

◎ 回避型将性视为玩乐，不希望带有感情

回避的人很容易把性视为运动或游戏，以不带感情的态度面对。其实回避型的人在面对性时，更多的是一开始就采取消极的态度。程度较轻的人会采取回避性行为的方式，也就是过无性生活。此外，也有一部分回避型的人忌讳性行为的发生，近乎患有性交恐惧症。

对回避型的人而言，比起从性行为中得到的快感，伴随而来的烦恼与痛苦、焦虑会更多。造成这种现象的原因有很多，比方说曾因性行为不顺利而受到伴侣责怪，或是曾遭遇伴侣的拒绝。

依恋关系不稳定的夫妻，一方对伴侣的性欲减弱，双方的需求就难以同步。随着双方性行为频率的偏差和误解

的增加，他们将更容易发生拒绝和回避性行为等情况。如果一方在性活动方面受挫，那么性关系就可能会导致双方之间的感情破裂。

回避型的人逃避性行为的形式各不相同，有完全禁欲的人，也有以非人类为性对象的人。无论哪一种，逃避性行为的回避型都有一个共通之处，即将现实中的异性及其生殖器视为异样、丑恶或污秽的东西。

性交恐惧症会导致阳痿。被伴侣指责或嘲笑也可能会诱发性交恐惧症。禁欲是回避型的人经常采取的一种生活方式。这种情况更可能发生在很少有社交乐趣的分裂型人格的人身上。

年龄介于25岁到30岁之间的T先生就为女性恐惧症所苦。外形中上的他认为自己长相丑陋，对自己的能力也没有信心。因为这些烦恼，他来找我咨询过多次。他最大的问题是，就连在咨询时他都无法说出真心话。我观察到，他在咨询时，一方面配合咨询内容，做出经过修饰的发言，另一方面又因自己无法得到他人理解感到绝望，进而封闭内心。他也知道自己说的都是表面上的漂亮话，并为此苦恼不已。对他而言，眼前最为迫切的是获得他人的理解，但他却不能坦然地自我揭露，无法从内心相信别人。

他的问题主要来源于依恋障碍。除回避型外，他还同时属于焦虑型，这种复合依恋模式名为"恐惧回避型"。

他的父亲对育儿毫不关心，也是一个无力面对现实生活的回避型。无论孩童时代的他多么渴望父亲的关心，父亲都会摆出回避的态度。相较之下，母亲总是杞人忧天，以照顾孩子为人生唯一价值，属于焦虑型的人。

他刚上高中不久，母亲因焦虑而产生的问题开始浮出水面。当时他想打工，母亲不答应，取而代之的是给他更多零用钱。大学二年级时，他再次表示"想去打工，让家里寄来的生活费可以减半"，可还是遭到母亲强烈反对。结果他在从未练习过独立的状况下结束了大学生活，进入社会工作。步入社会后，他的人际交往非常不顺利。辞去工作后的他过起了天天在家依赖母亲的生活。同时，他也开始痛恨溺爱自己的母亲，下意识认为是母亲的自私阻碍了他的独立。

过了好几年，他在面对自己的过程中察觉，过去人际关系上的问题源自从小到大他必须看母亲的脸色生活，以及父亲对自己的漠不关心。此外，困扰他的女性恐惧症，或者说是厌女的根本原因，则来自长期压抑在心中的对母亲的恐惧与厌恶。

◎ 非个人化的性行为

回避型的人会担心自己在现实中过于沉溺，因现实幻灭而受到太大打击。他们认为，如果他们把情感寄托在偶像身上，那么他们将不必担心自己受到伤害。因此，比起现实中存在的真实人物，回避型的人更容易爱上能满足其自恋情结的偶像。回避型的人通常会表现出非个人化的爱。例如，他们喜欢追星、崇拜偶像，而不是与现实生活中真正存在的异性交往。最近，回避型的人经常对动漫人物等虚构的存在表达自己的爱。与这种抽象的存在相比，真实的异性在他们眼中可以说是不完整的、淫秽的存在，有时甚至会让他们觉得非常丑恶。

回避型的人为了不让自己卷入情感的旋涡，通常会与人保持距离。他们不会积极探索他人的想法，也不会直接展现自我。并且，他们非但不会去拓展自己的人际关系，反而还会加以限制，通过缩小甚至关闭与外界互通的窗口来保护自己。在性活动中，他们也不会去感知对方的需要和反应并做出回应，而只在意自己的需求，并试图得到满足。结果，性活动成为回避型的人试图支配或掌控伴侣的途径，而不是彼此之间的相互共情。因此，回避型的人在性活动中往往非常自私，无视伴侣的感受和需求，并且有可能表现为性虐待或恋物癖。

有些回避型的人常会以冷漠来避免身体接触等亲密行为，但他们仍有可能在某一时期沉溺于来者不拒的性爱中。这是他们为了满足自己征服、支配的欲望，以及在自我感觉良好的自恋情结驱使下产生的冲动。这种性爱无法带来欢愉，也无法给予安全感，只会让人更加饥渴与空虚。

在这种情况下，不少人很快就会自主改变，过起全面禁欲的生活。放纵欲望的性爱只是为性而性，一旦他们内心的空虚感超过某个极限，他们便会认为没有必要再继续下去了。

回避型的人很容易将爱与性分开来看。他们认为，就算没有爱情，只要有性欲就能与人发生性关系。卡萨诺瓦式综合征①患者大多就是回避型的人。

相较之下，安全型的人往往不愿意和没有情感基础的对象发生性关系。焦虑型的人与他人发生性关系的动机也不是爱情，而是为了排遣自身的寂寞或讨好他人。与回避

---

① 卡萨诺瓦综合征，又称"浪子综合征"，指的是男性持续不断地寻求来自性伴侣、情感伴侣的注意和爱。

型的人为了夸示性能力或性魅力而与自己所不喜欢的对象发生性关系不同，面对不是自己真正爱的人，只要对方想，焦虑型的人就会愿意与其发生性关系，甚至他们自己的性生活还可能由此发展成来者不拒的性交模式。

◎ 般配度和依恋模式的结合

一直以来，人们经常会用"是否般配"来形容男女关系。如果能找到一个与自己般配的伴侣，双方将很容易在彼此身上获得安慰，并且还可以通过相互支持让彼此在工作中表现得更为出色。然而，与不般配的人生活在一起，不仅关系紧张，在工作和社会活动方面，双方也都无法借用对方的能力，最终只能各自交出令人失望的业绩。

这种相互作用也适用于性活动。参与性活动的双方有时是共享快乐的关系，有时又都会对彼此失去兴趣，而这将有可能导致过早衰老并增加彼此挫折感。在共享快乐的关系中，其积极影响还将延伸到其他领域，如健康和社会活力等。实际经验表明，一个人与伴侣的般配度不仅决定了他们的性活力，而且还会对他们能否取得社会成功产生影响。

般配度可以说是依恋模式的一种相互作用。据报告，如果伴侣是焦虑型的女性，回避型男性与之的性交次数就会减少。焦虑型的女性对亲密关系有强烈的渴望，并会在性活动中寻求爱情的证明。根据该研究论文作者的表述，焦虑型的女性越是提出性要求，回避型的男性就越会认为性活动是一种负担，从而感到厌恶。

回避型女性亦同。如果伴侣是焦虑型的男性，双方的房事次数也会减少。

◎ 性活动的质量不同

回避型和焦虑型的人在欲望上的差距也表现在性接触的频率上，但更重要的是在本质上的差异。

焦虑型的人通过性行为寻求的是情绪上的共鸣与精神上的契合，目的是从中感受到自己被爱。因此，比起性行为本身，他们更喜欢拥抱与爱抚。

相对而言，回避型的人比较喜欢不带感情的性行为。他们不太喜欢拥抱与亲吻，也无法享受爱抚。

一旦性行为变得公式化，回避型的人便会省略亲吻与爱抚等亲密动作，直接与对方发生性关系。回避型的人原本就对亲吻与爱抚等亲密动作没有兴趣，也很少因此感觉愉悦。因此，他们并不重视对方的反应及感受。若他们的伴侣属于焦虑型，两人寻求的东西有本质的不同，性爱也就变得枯燥乏味。

性爱对焦虑型的人而言，有证明自己被爱的意义，但是，对回避型的人却并非如此。

从某些回避型的人的角度来看，性爱是用来提高自我价值与自信、满足自尊的手段。他们往往想通过性爱证明自己的魅力，从征服对方的过程中得到满足。他们与具有魅力的伴侣建立关系，为的是获得周遭的赞赏与羡慕。至于性行为本身对他们来说，倒不是那么重要了。

实际上，不少回避型的人本身对性爱或结婚没有太大兴致。但是，他们会为了让周遭的人认同自己而与他人发生性关系或结婚。回避型的人会很轻易地将身体献给没有情感基础的对象。

回避型的人中虽然也有积极投身性行为的人，但是，情感浓度往往未必能与之保持一致步调。

换句话说，他们对真正所爱的人可能做不出任何追求举动，和不重视的对象却能轻易发生性关系。这正是回避型的人对待性爱的态度。

此外，回避型的人之所以会与他人发生性关系，往往只是因为他们单纯地对性爱或异性的肉体感兴趣，以及为了满足自身的性需求，与爱情或对象本身无关。

◎ 回避型的人喜欢自我满足的性行为

回避型的人容易将伴侣的肉体视为满足自己性幻想的工具。受到强烈幻想支配的性爱又很容易在他们身上演变成自我满足的性行为。他们无法从对方的真实反应中获得快感和兴奋，而是会预设对方的反应是否符合自己的性幻想，如果不符，他们就会产生幻灭感。因此，伴侣在性活动中的真实反应，可能会令回避型的人变得更加冷淡。

回避型的人情感力量薄弱，只能靠情绪和本能来应对问题。想让回避型的人在性爱中感知对方的心情和感受，是一件很困难的事情。因此，回避型的人经常误解伴侣的意思，要么明明已经被对方讨厌，还以为自己被爱；要么明明被深爱，但自己却毫无察觉。他们好不容易铆足了劲儿追求伴侣，确定恋爱关系，结果却发现对方与自己并不适合。如果这种失败的情况一而再、再而三地发生，回避型的人就会更加小心，不敢轻易谈感情。

　　不安全型的人很容易强迫他人与自己发生性关系，其中尤以回避型的人为最。回避型的人往往不关心他人的反应或心情，总以自己的欲望和期待为行为准则，交往中常在心态和认知方面与伴侣形成落差，因此，在第一次约会时，他们可能会在伴侣没有任何心理准备的状况下要求对方与自己发生性关系。

　　即使是已经开始交往或同居的情侣，回避型的人也会在无视伴侣心情的状况下要求对方与自己发生性关系。他们很容易把伴侣当成自己的所有物，认为对方有义务满足自己的欲望。

　　焦虑型的人也有可能强迫伴侣与自己发生性关系，但他们这么做的目的往往是获得安全感，试图通过性行为消除被伴侣抛弃或拒绝的恐惧。

　　从这个意义上来说，一旦伴侣拒绝与自己发生性关系，回避型与焦虑型的人都会产生极大的不安。如果求欢被拒，回避型的人会感到自尊心受损，整个人被惊讶和愤怒淹没。如果彼此关系持久，他们还有可能认为自己的伴侣违反了彼此的义务与规定，并强行将其驱离。回避型的人，他们的生活以义务、惯例和习惯为规则，而非当下的情绪和感受，因此，他们不能很好地处理有悖规则的情况，长此以往，他们将不再视伴侣为安全基地。

相比之下，与将性视作义务或规定的回避型的人不同，焦虑型的人更重视当下的情感和情绪。所以像例行公事一样与伴侣发生性关系，对焦虑型的人而言，可能会感到非常痛苦。当然，他们不会将这样的伴侣视作安全基地。

认知的差别会摧毁彼此的安全基地，从而成为不安全型。如果是这样，他们的问题就非常严重了。

◎ 婚姻生活会让回避型的人感到紧张

对回避型的人而言，婚姻生活很容易让他们感到苦恼。

无论是必须随时体察伴侣的心情，还是伴侣时刻陪伴在身边，对回避型的人来说都是沉重的负担。他们非常重视独处的时间，一旦必须不间断地与他人共享时间，就会感到宛如严刑逼供一般的痛苦。这种想法常常导致他们的婚姻生活触礁。

刚满三十岁的 M 小姐完全无法理解丈夫的行为与态度。她向来认为，婚姻生活中，夫妻双方应该配合彼此的步调，在相互扶持中维护二人之间的关系。然而，丈夫似乎不这么想，他在婚后也和单身时一样，总是以自己的兴趣为优先。

丈夫对生小孩一事表现得非常消极，只要 M 小姐一提起这事，丈夫就会以收入过低为由，用过阵子再说的借口搪塞，从来不给予积极的回应。

三十岁之后，M 小姐开始对未来感到焦虑，时常逼问丈夫如何打算。不料，丈夫对这个话题再三回避，丝毫不体谅她的心情，以至于 M 小姐完全摸不透丈夫的心思。

此外，婚后前三年丈夫对 M 小姐还算体贴，尽可能事事配合，然而结婚三年后，丈夫下班回家后几乎只对着电脑或游戏机，M 小姐在丈夫心目中仿佛只是个用人。忍无可忍的 M 小姐曾多次提出离婚的要求，丈夫每次都非常慌张，也因此收敛了一阵子。可是，没过多久丈夫又故态复萌。

就在这时，丈夫被公司派到外地工作，地点正好在老家附近。于是，丈夫决定暂且先独自回老家居住，等生活稳定下来再找新房子，接 M 小姐过去团聚。

没想到，不管 M 小姐怎么等，丈夫都没有提起新房的事，总是以工作忙或经济问题为借口，一再延后夫妻团圆的计划。怒火中烧的 M 小姐气得质问丈夫到底如何打算，最终丈夫说希望能分居一段时间。

后来，两人一直处于分居状态。每月 M 小姐获得丈夫一半的薪水。丈夫似乎很满意这样的生活，和妻子住在一起时，他每个月只能从妻子那里领三万日元的零用钱，而现在却可以自由支配一半的薪水，住在老家又不受任何人的约束，过得比以前轻松愉快得多。

若只以追求快感为目的，对 M 小姐的丈夫而言，性生活还有一定的吸引力，但是，如果是为了怀孕生子，性生活就成了苦差事。说到底，M 小姐的丈夫是想逃离家庭的责任。对丈夫而言，具有安全基地作用的 M 小姐确实有存在的价值。然而，一旦妻子开始追究责任，丈夫便一心只想疏远。

◎ 回避型的人的婚姻类型

看到这里，你是否无法理解回避型的人为什么要结婚？然而，现实生活中，回避型的人确实会步入婚姻。他们的婚姻模式大致可以分为以下三种。

第一种婚姻模式，也是最常见的一种，即在交往对象或周遭亲友影响下，不知不觉踏上婚姻这条路。

种田山头火的婚姻就是一个典型例子。

比起学业更热衷于文学的山头火，因为父亲投资股票损失惨重，经济出现危机，不得不从大学休学，返乡投身酿酒事业。这时，因为生意人需要妻子的观念，周围的人纷纷劝说他去相亲。

然而山头火本人一点也不想结婚，一直有遁世念头的他，时常把将来要当禅修僧挂在嘴边。只因身边的人不断劝说，觉得违背众人意愿，还要不断反驳他们的意见，实在太过麻烦，他最终决定娶妻。

明明是自己的人生，却又好像是别人的事情，这种态度在回避型的人身上很常见。

尽管结了婚，身为一家之主的山头火也没有努力工作，反而把生意完全交给妻子咲野打理，自己整天沉浸在文学的世界中。如此一来，他的酿酒事业自然不可能顺利发展。由于管理松散，酒窖里的酒慢慢变质，造成了巨额损失，种田家最终落得破产的下场。山头火和咲野只好落魄地投靠咲野位于熊本的娘家。

到了熊本，山头火曾尝试经营二手书店和相框店，但没有成功。最后，山头火决定，为了重获新生而前往东京。

习惯了在东京随心所欲地生活之后，山头火不但不把咲野和孩子接到东京团聚，赚来的钱也都花在了买酒和买书上。四年下来，咲野和孩子的生活全靠娘家接济。

咲野的娘家最后对山头火忍无可忍，提出让咲野与他离婚的要求。山头火一口答应，爽快地在离婚申请书上签字盖章。事实上，咲野本人并不想离婚，甚至暗自期待山头火能够严词拒绝。令她万万没想到的是，山头火竟爽快答应，无奈的她只好在离婚申请书上签字盖章。

回避型的人缺乏为捍卫自己的想法不惜与他人抗争的勇气和动力。对他们而言，没有即使粉身碎骨也要守护的东西，只有秉持"唯有……不能退让"的执着，"非要守护……"时，才有可能与人产生争执和冲突。

山头火和咲野的契合度并不好。咲野是个聪明能干的女人，长得也美，对山头火而言，却不是一个能让他放心依赖的对象。换句话说，咲野无法成为山头火的安全基地。或许身为回避型的山头火正是因为被婚姻逼得走投无路，必须和家人保持距离才能维持内心的平衡，所以才会独自远赴东京四年都不回家。

回避型的人走入婚姻的第二种模式，追求心中的幻想。

在这种情形下，回避型的人对伴侣抱持的不一定是真爱或真正的依恋。他们真正爱的其实是自己理想中的对象，是不存在于现实中的幻影。一旦伴侣出现不符合他们期待的一面，他们的热情就会忽然冷却，甚至开始拒绝或厌恶对方。

回避型的人，他们爱的往往只是伴侣所拥有的某种特质，或者说是伴侣身上的某一部分，比方说，学历或社会地位、美丽的身体，甚至说不定只是因为对方的侧脸很像自己曾经爱过的人。但是，这些特性并不足以支撑一段稳定而长久的爱情或婚姻。不可否认的是，对原本期待能全心为自己付出的伴侣而言，与回避型的人的婚姻真的可能是一场悲剧。

比如闻名世界的存在主义哲学家索伦·克尔凯郭尔[①]的恋爱模式就是一个典型案例。

克尔凯郭尔于 1813 年出生于丹麦首都哥本哈根，是富商家中最小的儿子。他出生时，父亲已经 56 岁，母亲则是 44 岁的高龄产妇。

---

① 索伦·克尔凯郭尔，丹麦宗教哲学心理学家、诗人。

他的父亲是一位虔诚又严格的人。克尔凯郭尔刚懂事时，父亲已经年迈。他的母亲原本是克尔凯郭尔家的女仆。父亲在前妻病逝后不到一年便与他母亲结了婚。其实，是他的父亲侵犯了身为女仆的母亲并令她怀了身孕。

后来，克尔凯郭尔进入青年时期，生活突然变得混乱，起因正是他父母结婚的秘密。父亲犯下这样的罪行，并且还关系到他们兄弟姐妹的出生，这对于一直尊敬父亲的他来说是一个巨大的冲击，甚至威胁到了他的自我认同。

幼年时期的克尔凯郭尔身体虚弱，又是家中最小的儿子，一直在父母的过度保护之下成长。克尔凯郭尔看到别人的缺点时总是毫不掩饰地指责，又喜欢卖弄小聪明，因此他一直不受同龄人的欢迎，经常落单。看得出，他有强烈的自我表现欲和自恋情结，并且一直沉浸在优越感中。这是在过度保护中成长的孩子所特有的不成熟的自恋，而这恰恰也造成了克尔凯郭尔在人格发展上出现问题。

即使如此，从高级中学（专为升大学而设的九年制中学）升入哥本哈根大学前，克尔凯郭尔的人生看起来充满光明。然而，就在他升入大学后，克尔凯郭尔家遭受了一连串的打击，他的姐姐和哥哥相继身亡，在他 21 岁那年夏天，母亲又过世了，家里只剩下了他的父亲与另一位哥哥。

克尔凯郭尔在22岁那年得知了父母结婚的真相。从父亲口中听闻的这件事，使他遭受了莫大打击。此后，克尔凯郭尔开始违抗父亲，漫无目的地沉溺于放荡游乐之中。

然而，他在经济上仍然仰赖父亲，借来喝酒嫖妓的钱也全靠父亲帮忙还。24岁时他虽然搬离老家，但是仍然依靠父亲寄来的生活费过活。当时的克尔凯郭尔没有固定工作，只能在父亲的庇佑下生活。

这时，克尔凯郭尔在朋友家邂逅了一个名叫雷金·奥尔森的女孩。这个女孩改变了他的命运。当时的雷金还是个14岁的少女，但是克尔凯郭尔立刻坠入了情网。

这场恋爱成为他人生的转机，促使他和父亲重修旧好。他从放荡生活中浪子回头，努力投身于学业。第二年，他的父亲过世，为他留下了一生不愁吃穿的遗产。

两年后，克尔凯郭尔通过毕业考试，取得神学学位，并借此机会向雷金求婚成功。

次年，克尔凯郭尔提交论文。不久之后，他将订婚戒指寄给雷金并且附上了一封信，宣告解除婚约。

那段时间，克尔凯郭尔和雷金之间的主导权产生了一番变化。最初，雷金经常抱怨，对此，克尔凯郭尔总是尽心安抚。后来，形势逐渐逆转，雷金在精神上越来越依赖克尔凯郭尔，甘愿为他奉献一切。这令克尔凯郭尔感到压力，并开始后悔与雷金订婚。

索伦·克尔凯郭尔（图片来源：picture alliance/Aflo）

面对克尔凯郭尔的悔婚行径，雷金哭着想要挽回，但克尔凯郭尔却没有一点改变主意的想法。雷金的父亲和哥本哈根社交界对克尔凯郭尔的行为激愤不已，对此感到厌烦的克尔凯郭尔似逃离般地前往德国柏林。

克尔凯郭尔在柏林逗留期间，完成了《非此即彼》一书。该书回顾了他与雷金之间的关系，帮助他梳理了自己内心的想法，他希望能借此获得雷金的谅解。其中，《诱惑者日记》一章被认为是克尔凯郭尔自身经历的一个变体。书中的主人公同样是为了守护彼此的自由，让爱成为永恒，决定毁弃婚约。

这本书起初以匿名方式出版，然而克尔凯郭尔就是该书作者的事实最终还是被揭露，哥本哈根文坛对此讨论得沸沸扬扬，人们无法原谅他的所作所为。虽说以匿名方式出版，但他单方面解除婚约，还将抛弃对方的事实撰写成书，以当时的社会背景而言，这一系列举动堪称惊世骇俗。

《非此即彼》出版后不久，克尔凯郭尔在某教堂与雷金不期而遇。两人只是面向彼此点头打了个招呼。但是，他却将雷金的眼神解读为了原谅。为此，他心中立刻燃起了与雷金复合的想法。

克尔凯郭尔再次前往柏林，完成了以破镜重圆之爱为主题的作品《重复》。现实生活中，他也打算和雷金重新开始，为此特地回到了哥本哈根。不料，等待克尔凯郭尔的却是雷金已与他人订婚的事实。原来，曾有一位男性一直在锲而不舍地追求雷金并最终俘获其芳心。克尔凯郭尔的一切努力成了一场独角戏。

无论克尔凯郭尔的作品将这个故事描写得多么浪漫，从心理学的角度来看，当初的他不过因为厌倦，不想被人束缚，才选择了逃离。他爱的并不是雷金这位现实中的女性，而是他自己塑造出的理想形象。克尔凯郭尔或许隐约觉察到了这一点，意识到如果与之真的结婚，自己对雷金的爱将会残酷地褪色。为避免这样的情况发生，守住自己对雷金那份抽象的爱，他只得放弃现实中与雷金的关系。

　　回避型的人经常有这种心理。对他们来说，爱只不过是冠冕堂皇的借口，他们最想保护的其实是自己脆弱且容易受到威胁的生活。回避型的人往往太过较真，承受不了烦琐的人生。

　　越是依赖回避型的人及希望对方付出爱，越会让他们感到沉重的负担。如果他们的伴侣秉持着爱就是彼此付出的信念，那就一定理解不了他们的反应。比如，自己明明就是撒娇，身为回避型的伴侣却会莫名其妙地生气。

　　如前所述，雷金越想挽回，克尔凯郭尔就越是冷酷拒绝。后来雷金选择自始至终深爱自己的另一位男性，说来也是很自然的决定。

　　克尔凯郭尔反复于自己和雷金的感情，甚至想将这段爱情升华为一个哲学观念，这也是回避型的常见特征。对回避型的人而言，值得自己爱的对象，最好像固定在磁性介质中的动画戏剧一样，能够重复播放，反复品味。那是超越现实时间和空间的永恒记忆，也是具有普遍性的存在。

　　因此，现实生活中的伴侣有什么感觉或想法，对他们而言并不重要。回避型的人无法接受随状况改变的心情，他们往往紧抓着说过一次的话不放，并希望能持续到永远；他们察觉不到别人早已对自己失去耐心，始终期待从他人身上获得同样的爱。

回避型的人走入婚姻的第三种模式，或许可以说是最幸运的婚姻模式。

对回避型的人来说，最容易长久维持关系的对象是在工作、嗜好、才艺或运动等特定领域中拥有相同兴趣的伙伴，而且他们只会就拥有相同兴趣的部分与他人交流往来。

即使是婚姻生活，这个原则也同样适用。因为是夫妻就要受到全面束缚并且被他人依赖的生活，只会令他们痛苦不堪。

回避型的人真正爱的是自己关心或感兴趣的事物，但如果能与伴侣共享，能在彼此的关系中培育出对伴侣的共情、共鸣与敬意，就能进一步孕育支撑长期关系的依恋，维持幸福的婚姻。

某对同为学者的夫妻，向来是朋友圈内人人称羡的佳偶。

　　不过，他们并非一天到晚腻在一起。两人都是学者，每天各自忙于研究。由于研究步调不同，回家时间也不一样，夫妻二人只有在休息时才能一起吃饭。但是，仅有的节假日有时也会因为出席学会而泡汤。

　　丈夫曾独自出国留学，夫妻二人分开生活了两年。不过，两人当时都毫不犹豫地做了这个决定。他们认为，为研究而牺牲家庭生活是值得的。

　　即使在一起的时间非常少，但是两人的关系丝毫没有受到影响，这或许是因为他们拥有共同的兴趣。丈夫喜欢拉小提琴，妻子是长笛演奏者，两人都称得上是业余音乐家，每个月大概有一次共同演奏的机会。

　　只要有共同的兴趣，并借此维持与对方的关系，彼此就能够得到满足。除此之外的时间，他们都觉得没有必要一直腻在一起。

　　两人原本就忙于研究，没有生小孩的计划，也不认为非有小孩不可。并且，与生子相比，他们更担心生了小孩会打乱目前的生活步调。两人在这件事上意见一致，可以说是一点摩擦都没有。

　　但大多数情况下，回避型的人的婚姻生活并非如此。他们的婚姻生活中最常见的模式是，妻子是焦虑型，而丈夫是回避型，妻子寻求与丈夫形成亲密关系，并希望他能分担育儿责任。

对丈夫来说，孩子一出生，妻子的注意力就转移到了孩子身上，自己则得到了解放，但被要求配合育儿，在他看来又是一种负担。妻子一定希望自己的丈夫能够更加体贴，可丈夫却总是无动于衷。当妻子变得歇斯底里时，丈夫也会不情愿地帮忙，但就算帮忙也不会帮多久。另外，妻子与丈夫交谈时，丈夫往往也会心不在焉，这只会让妻子更加气愤。一旦妻子的不满越积越多，情绪爆发就成了一种正常现象。

妻子把一切都归咎于丈夫，丈夫只能怯懦地看着妻子的脸色。无论丈夫在经济上对家庭有多大贡献，在家里都处于不被重视的地位。这种婚姻生活可能会使人从回避型变成更不安全的恐惧回避型，与安全型的人渐行渐远。之后丈夫会变得情绪不稳定，更容易产生情绪化反应或攻击性。

如此一来，原本平衡的夫妻关系会从某一时刻起充满激烈的争吵。一旦发生这种情况，除非双方都非常了解自己并尝试进行自我修复，否则夫妻关系将继续恶化。

那么，如何才能维护夫妻间的感情并避免上述情况发生呢?

大部分维持稳定关系的伴侣，往往会有一方主动支持另一方，或是乐意扮演衬托对方的角色，以实现两人关系的平衡。不管怎么说，负起这份责任的一方多半属于安全型的人。

不过，有时焦虑型的人也可善用自己的性格特征，扮演好这样的角色。

比方说，焦虑型的妻子往往都热衷于照顾家人。这被称为强迫性照顾，即通过承担照顾家人的责任来平衡自己与回避型丈夫的生活。当然，焦虑型的丈夫支持照顾情绪不稳定的妻子的案例也很常见，这种情况下，丈夫强迫性的义务感恰好发挥了正面作用。

不管怎么说，比起自己做主角，有些人更能从支持他人的过程中获得成就感。这样的人若能与格外需要关心照料的人组成家庭，或许就是最好的组合。这也是回避型的人所能拥有的最佳婚姻模式。

因此，即使拥有负面的依恋模式，若能找到适合自己的伴侣，彼此满足对方的需求，依然能拥有稳定安全的婚姻生活。

| 第五章 |

回避型的人的职业生活和人生

◎ 职业生涯中，人际关系也是一大课题

　　大企业在选拔干部时，不仅会听取员工的意见，还会广泛了解业务合作伙伴和客户的意见，收集关于候选人的评价。与其基于客观指标判断候选人是否适合做领导，不如参考多方主观意见，并借此判断任命与否。

　　这与好感度测试十分类似。好感度测试是通过将相互熟悉的人聚集在一起，要求他们对不同成员的喜爱程度进行评分，之后再进行统计。从某种意义上说，这也算是一种人气投票，但参与好感度测试的对象并非从未谋面的陌生人，而是彼此之间已经有一定交往的人，因此，好感度绝对不是单纯的印象好坏。有趣的是，在好感度测试中得分高的人之后更有可能在工作中取得成功。

　　无论是选拔企业干部，还是企业员工的好感度测试，

从依恋的角度来看，脱颖而出的人往往都属于稳定的安全型。安全型容易和周围的人建立互相信赖的关系，也比较容易给人留下好印象。这种依恋模式的确有利于人们在职场上打拼。根据实际调查，安全型的人工作满意度和社会地位通常都比较高。此外，他们不会将人际关系的问题带到工作中。由此可知，安全型是事业成功的坚强后盾。

◎ 工作拼的是心态

焦虑型的人会不断将不安全依恋问题带到工作中。他们无法明确区分工作与生活，就连自己不受他人认同或不受别人欢迎等人际关系问题也会被带到工作当中。如此一来，他们的内心非常容易受伤，并感到筋疲力尽，就算只受到轻微斥责也很容易全盘否定自己的价值，而这最终将成为工作无法持久的原因。

对回避型的人而言，工作只是工作，他们不太会将人际关系或情绪问题带到工作当中。正因如此，他们虽然能把工作做好，但与他人之间只能维持表面关系，在职场中很难赢得大家的喜欢和支持。对这种类型的人来说，对他人做出贡献或让别人高兴，都无法激发自己的工作动力。

据报告，回避型的人不太可能从事志愿服务等利他工作。即便从事志愿服务，也主要是出于有利于自己的目的，如将自己的行为作为宣传噱头或以此达到宣传自己的效果。

回避型的人往往会满足于在孤独的世界里安稳度日。工作中遇到需要团队合作或相互协助的情况时，他们会觉得那是令人不悦的琐碎杂事，并且很快失去干劲。对他们而言，理想的工作方式是按照自己的步调埋头苦干。

因此，回避型的人经常对工作抱有极高热忱，特别容易在工作中达到忘我的程度。反过来说，正是因为太过热衷于工作，他们才会疏于考虑自己与周围人的人际关系，以至于难免在职场中被孤立。

◎ 无视心灵创伤，以解决问题为优先考量

由美国精神分析师罗森茨威格开发的 PF 研究（Picture Frustration Study：图片挫折研究）是临床中经常使用的测试之一。测试内容通常为生活中常见的逆境场景，根据受试者的反应来进行性格方面的分析。

该测试分别从攻击性的方向和类型来分析受试者的反

应。这里所说的攻击性，并非传统意义上的攻击行为，而是广义概念中对人的身心造成伤害的行为。从方向来看，攻击性的对象有他人、自己、无固定对象。根据这三个方向，可将受试者的反应分为责人反应、责己反应、免责反应。从类型来看，攻击性可分为强调障碍、自我防卫、力求补救三种类型，且每一种类型都有不同的反应。

强调障碍指的是无法应对已经产生的问题，他们时而困惑，时而思考，以此来拖延时间。

自我防卫指的是受伤或伤人时的情感反应。如果是责人反应，呈现出的是责备或愤怒的言辞；如果是责己反应，呈现出的是赔罪或反省的言辞；如果是免责反应，呈现出的是放弃或顿悟的言辞。

力求补救是将注意力集中在如何补救损害及如何解决问题上。如果是责人反应，表现为向对方提出补救或解决的要求；如果是责己反应，表现为向对方做出补救或解决的承诺；如果是免责反应，表现为试图以中立的立场解决问题。

回避型的人在进行该测试时，大多表现为力求补救，其中免责反应的比例最高。另外，回避型的人通常会不带感情地解决问题。因此，他们很少表现为自我防卫，苛求和责备他人的责人反应与反省赔罪的责己反应在他们身上也不怎么发生。

他们的反应乍看之下非常合理，但在现实中并不一定有效。

大部分人在面对问题时，都会首先安抚他人受伤的情绪。如果无视情感因素，想要快速且冷静地解决问题，往往会遭到他人质问："我的心情谁来负责？"

此外，本该生气时却压抑自己的怒气，直接进入解决问题的阶段，就心理战术而言，这么做有可能让人居于下风。人际关系也是如此，该生气时不生气，该攻击时不攻击，将很容易被他人看轻，有时甚至还会为自己招致不公平的攻击。

◎ 在不知不觉中陷入孤立

缺乏情绪反应，往往会使回避型的人在集体中陷入孤立。这也是回避型的人在职场中最容易遇到的难题。

无论在工作中多么努力，甚至做出过多么傲人的业绩，回避型的人因为懒得和周围人沟通，对别人的想法毫不在乎，不仅获得低于自身实力的评价，还总会被人在背后说坏话。如果没有遇到了解自己真正实力的上司，回避型的人往往会在职场中陷入孤立，进而影响其工作效率。

离婚后恢复自由之身的山头火，成为一桥图书馆的正式员工。这两年多的工作生活，可以说是山头火人生中一段难得的时光。虽然他一开始只是临时雇员，但是，山头火一板一眼的个性受到了馆长的肯定，经过推荐，他成为正式员工。馆长对山头火爱喝酒的毛病给予了宽容谅解，使他能够如鱼得水地在书籍的环绕中潜心工作。

不料，平稳的生活很快失控。被调到分馆的山头火和新的馆长合不来。山头火为此烦恼得失眠、抑郁。为忘却烦恼，山头火开始放纵自己，时时买醉，工作更是做得一塌糊涂。最后，他不得不以神经衰弱为由辞职。

如上所述，回避型的人身边如果能有理解自己的人成为他们的安全基地，他们的工作就能顺利进行。但问题是，回避型的人往往没有自行寻找或建立安全基地的能力。

回避型的人在职场上面临的另一个难题，与工作之外的繁杂琐事有关。即使拥有高超的技术能力，工作也做得很好，他们仍然会在工作的准备及管理环节触礁。尤其是不擅长管理内务或没有管理能力的人，最容易出现这样的问题。

某位 40 多岁的男性，从事非常专业、需要高超技能的金属加工工作。

然而，公司裁员之后，因为人手不足，他必须兼任订购材料和流程管控等工作。尽管拥有一流的专业技术，但是他却不擅长打电话给厂商订货，也很不擅长管理库存材料。额外的工作让他压力倍增，他不得不将自己的注意力集中在这些琐碎的事情上，最后，因为操作机械时发生失误，他身受重伤。

之前，他在公司里独来独往，但工作能力的确很强，上司一直对他另眼相看。然而，接二连三发生失误并导致意外事故后，公司对他的评价急剧下滑，他本人更是因此而陷入困境。

◎ 强项是冷静与专业

职场里，回避型的人无法依靠人际关系提高自我评价，并借此生存。想在工作中取得成功，回避型的人只能依靠自己的专业技能与实力。

因此，回避型的成功者对待工作往往比其他人更加严格，且拥有高超的技术与实力。对回避型的人而言，只有展现无可挑剔的技能与知识储备，才能让别人接受自己，获得他人的认同。也正是因为这一点，许多回避型的人都特别注重提高自己的实力。

与靠良好的人际关系行走江湖，或擅长以各种手段获得别人宽容谅解的人不同，对回避型的人来说，工作实力才是他们的核心竞争力。对他们而言，工作只有办得到和办不到之分。打马虎眼的说辞说服不了他们。为了拿出令人信服的成果，回避型的人坚持用数字说话。比起笼统的说辞，他们更信任明确的数字。

这种特性刚好符合靠实绩与数字运作的商业经营方式。回避型的人在工作时冷静公正，不受人情压力或人际关系影响，符合现代商业经营的要求。从这个意义上说，就算不是百分之百的回避型，只要性格中带有几分回避型的特征，就有能力进入管理层或成为经营者。

由此可知，回避型的人在事业上获得成功的关键之一，是要培养个人高超的专业技能，在某一领域拥有无人能及的能力。另外，还要善用自己不受情感影响，冷静客观看待事物的性格特征。

对于回避型的人而言，最不幸的工作方式是，搞不清楚自己的专业，没有自己真正想做的工作，在职业生涯中一味配合公司政策或周围的人，为自己不擅长的工作和琐碎杂事耗尽心力。

◎ 与其示弱，不如选择安静离开

担任需要承担责任的职务或面临难以逃避的负担时，就是回避型的人接受考验的时刻。近年来，在更看重技术的职场中，回避型的人占有较高的比例。并且，由于具备专业技能，他们很容易成为公司的中坚力量，甚至晋升管理层。

回避型的人很少抱怨，通常只会默默工作，尽心尽力地完成上司交代的工作。因此，这很容易让上司误会他们还可以承担更重的责任，有时连管理工作都会交给他们处理。事实上，光是本职工作可能就已经耗费了他们所有的精力。面对新的挑战，他们只能咬紧牙关迎难而上，而这却很容易被他人误解为他们在工作中干得游刃有余。

即使工作量已然超出负荷，回避型的人也不会示弱诉苦，只会咬牙坚持。然而，无论意志多么坚强，人的体力和精力终究有限，他们的身体在强大的工作负担下会首先出现异样，如头痛、胃痛等。即便如此，他们还是会继续勉强自己，直到身体动弹不得。一旦他们的头脑和身体无法顺利运作，抑郁症随之就会找上门。

容易出现这种状况的人，大多个性强、责任感强，具有强迫性人格，且属于回避型。他们虽然个性认真，却不太擅长表达自己的意见。

即使被工作逼到无路可退，属于回避型且拥有强迫性人格的人也无法要求上司减少自己的工作量或明确表示拒绝。他们总是担心自己是否会给公司和同事增添麻烦，还认为无法达成他人期待是自己能力不足，还会把不能完成所有工作的自己视作多余的存在。比起示弱，他们更希望直接逃离。与其让上司减轻自己的负担或允许自己休息，倒不如离开。

无法表达真心原本就是回避型的特性，这种特性和强烈的使命感结合后，会逐渐把人逼入绝境。

◎ 对自己的人生漠不关心

回避型的人的行为特征表现为有气无力、对一切无所谓、自暴自弃。对他们而言，自己的事就像是别人的事，对什么都可以满不在乎。因为缺乏对于生活的根本欲望，他们只会在意当下的心情起伏，得过且过。被誉为回避型化身的埃里克·霍弗的前半生便将这一特征体现得淋漓尽致。

父亲去世时，埃里克·霍弗已经 18 岁了。然而，由于幼年长期失明，他并未在学校接受过系统教育。

办完父亲的丧事，霍弗身上只剩下了家具工匠工会给他的三百美金。他带着这些钱离开了家乡纽约布朗克斯，前往气候温暖的加利福尼亚。

花光这三百美金前，他每天都待在出租屋内看自己喜欢的书。当他把所有的钱都花光，把可以变卖的物品全部卖掉之后，他品尝到了饥饿的滋味。但是，即使已经到了这个地步，他还是没有想过要找工作。直到一天晚上，饥肠辘辘的他忍不住走进一家餐厅，提出帮忙洗碗，以此换取一餐饱食。这是霍弗有生以来第一次通过工作换取报酬。

生活里，回避型的人只会用逃避的方式来保护自己，因此，除非走投无路，否则他们连自己饿肚子也不上心。

餐厅里的人告诉霍弗，如果想找工作，可以去职业介绍所看一看。霍弗听了对方的话，前往贫民区的免费职业介绍所，并且找到了一份帮人割草的日工。有了收入之后，霍弗再次投入到自己喜欢的阅读和学习当中。他的日子就这样勉强维持着。他对自己的将来毫无计划，也没有什么目标，只希望优哉度日。

然而，时代的浪潮对霍弗小小的幸福造成了威胁。经济大恐慌使他失去了割草的工作机会。走投无路的霍弗只好找了一份自己一直不愿意尝试的卖柳橙的工作。为了卖掉自己手上的柳橙，他得对顾客说些客套话，编造故事。

"坐下来准备吃迟来的午餐时，我一边数钱一边开始深深地怀疑自己。那是我过去从未有过的羞耻感。我竟然能满不在乎地说谎话，说好听话。为达到赚钱的目的，我什么都做得出来。我对这样的自己感到错愕。"（《埃里克·霍弗自传》）

最后，霍弗辞去了卖柳橙的工作。

不过，不妥协的个性为他带来了新的机缘。一天，一位名叫尚皮罗的犹太人出现在了他的面前，经营仓库的尚皮罗让霍弗在自己的公司工作。这是霍弗第一次找到一份固定的工作。

教养良好且喜欢阅读的尚皮罗很喜欢与霍弗谈话。认识尚皮罗后，霍弗也对犹太人产生了兴趣。

两年后，霍弗稳定的生活随着尚皮罗罹患肺炎过世而宣告落幕。这件事让一度拥有幸福的霍弗认识到了命运的残酷。

通过两年的稳定工作，霍弗存了点钱。于是，他没有另外谋职，而是选择徜徉在书籍的海洋，直到把积蓄花光。

随着积蓄越来越少，霍弗开始感到人生毫无意义。

"走路、吃饭、读书、学习、写笔记……我每天都过着这样的生活，并且已经持续了好几个星期。其实剩下的人生我都可以这样过，可是一旦把钱花光了，我只能出去找工作。看来，我不可能一直维持目前的生活状态，这让我极其失望。今年年底就死和十年后再死，到底有什么不同？"（《埃里克·霍弗自传》）

抱着这样的想法，霍弗萌生了自杀的念头。

决定赴死的那一天，为避免被其他人看到，霍弗走到了镇上最偏僻的地方。奇怪的是，他的心境十分平和。霍弗想起了那条通往蔚蓝海边的道路，心想：如果那条路始终没有尽头，身体不会疲倦，内心没有烦恼或不满，我可以就这样一路走下去该多好。霍弗心中萌发出了想要活下去的愿望。

不过，他还是按照预定计划，喝下了事先准备的乙二酸。

令他没想到的是，喝下乙二酸的那一瞬间，他的口中如有百万根针刺般疼痛，随即他便吐了出来，自杀以失败告终。

后来，他费了好大功夫才回到镇上，饥肠辘辘的他吃了饭，决定继续活下去。

◎ 怕麻烦与维持现状

回避型的人在行动上的另一个特征是怕麻烦。他们通常会极力避免将时间与精力用在自己不感兴趣的事物上。

只要多花一点时间或精力就能增加与他人交流的经验，许多人会将这种经验视为投资，或能够获取资讯的扩大再生产经济学。然而，回避型的人却不会这样想。他们采用的是"回避型经济学"——回避投资，虽然无法获得利益，但同时也避免了风险。换句话说，回避型的人秉持着通过维持现状来规避风险的安全理念。

此外，回避型的人对待事物不够积极的态度也体现了他们怕麻烦的特征。不够积极，换句话说，就是缺乏精力。他们原本就精力有限，实在是经不起折腾。

改变现状需要很大的精力，然而回避型的人缺乏精力。生活里的他们，明知现状有问题，或者不符合自己的理想，也不会试图改变。对他们而言，与其改变，不如忍耐。

对回避型的人来说，由于外来刺激不足，他们有时可能会陷入心力枯竭的窘境。毕竟，心灵能量只有在内外交互作用的情况下才会涌现。

回避型的人从小就没有安全基地的保护，无法放心展开冒险探索行动，因此，他们的内心通常缺乏能量，这会导致他们在长大成人之后仍然选择回避。再加上，随着外界对他们的刺激不断减少，他们就只能一味地按部就班，躲避风险，维持现状。

◎ 害怕失败与维持现状的恶性循环

回避型的人之所以缺乏内心能量，最主要的原因是他们对失败的过度恐惧。他们个性消极，很难充满干劲儿地朝着目标奋斗；他们害怕失败所造成的心灵创伤。因此，一旦在努力的过程中遇到困难或障碍，他们很容易就会放弃。他们认为，与其失败受伤，倒不如一开始就不要做什么。只要对失败有一点点恐惧，回避型的人就会自动逃避，乃至于屈就低于自己真实实力的选择。

回避型的人通常认为自己做什么都会失败，这种观念的形成源于认知上的消极扭曲。即使有过实际的成功体验，他们还是会只专注于不完美、不成功的经历，认定自己是失败者。

某位男性长期蛰居于家中，到了40岁时重新振作起来，投身于工作。他工作了半年左右，因人际关系而倍感痛苦，结果还是选择了辞职。提起这件事时，他总是否定自己——"我果然还是失败了，我真没用""我很想振作起来，结果还是失败了。不管做什么，我都会失败"。

事实上，长期蛰居后还能外出工作6个月，这非常值得称赞。然而，他却只看到了自己无法继续坚持下去，并因此而下定了自己最终仍会失败的结论。

这种否定自己的想法，多半来自幼时父母灌输的观念。

事实上，几乎所有回避型的人从小到大都很少得到父母的称赞。回避型的父母会将自己的基准强制套用在子女身上，挑剔子女做得不好的地方，试图纠正与指导孩子身上不符合他们预期的部分。

接受扣分式教育的孩子无法拥有健全的主体性，基本不会有什么积极主动的行为。他们认为按照别人的吩咐行事最保险，多做多错，不做不错，自己失败只会给他人纠正自己的机会。

◎ 总是主动放弃机会

对回避型的人而言，出人头地或获得成功的机会都是增加责任的沉重负担。他们往往会为此而深感不适。被他人表扬或寄予厚望会让他们产生压力，导致他们希望能在所有人意识到自己的无能并对自己感到失望之前逃离。

自杀未遂后，霍弗便开始流浪，他曾在种植园当季节性工人，也做过提取沙金的工作，以此来维持生计。这段时间里，霍弗一直都在自学。当时，他痴迷于植物学。为此，他一遍又一遍地翻看植物学教科书。

之后，一个意想不到的机会降临在他身上。

那年冬天，他在加州大学伯克利分校兼职做服务生时，认识了一位教授。那位教授在阅读德语文献时遇到了困难。霍弗跟自家的管家玛莎学过德语，凭借自己的语言优势，他被那位教授聘请为翻译。

巧合的是，柠檬白化正席卷该地区的农场，教授为此烦恼不已。霍弗想出了解决方案，并向教授提出。最终，该方案奏效。教授试图为霍弗提供一个研究所的职位，但霍弗对此坚决推辞，又重新开始了自己的流浪生活。

之后，霍弗屡屡自暴自弃，断然拒绝了很多机会。

有一天，霍弗看到两位女性在伯克利站下车。出于冲动，霍弗迅速靠近，主动帮忙拿行李。两位女性中身材高挑且长相十分漂亮的那位叫海伦，来伯克利读研究生。

海伦对霍弗曲折的人生和古怪的生活方式感到着迷，不久后，便向霍弗表白。最终，二人亲密无间。对于尊重自然和生命的认知，他们也有着共同的价值观，能够深刻地理解彼此内心的想法和感受。

海伦对霍弗在数学和物理学方面自学的知识与天赋感到惊讶，建议他一起去伯克利读研究生，并提议把霍弗离奇的人生经历写成一本书。总之，海伦非常相信并且欣赏霍弗的才华和独创性。

然而，霍弗发现海伦的期望对自己而言是一种负担。有一天，霍弗选择不告而别，离开了伯克利。

　　霍弗在自传中坦言，这次分离对其造成的伤害从未完全被消除。他并非不爱，或是讨厌海伦。相反，他一直深爱并且想要得到海伦。但比起分手，霍弗更担心自己接下来会让海伦失望，或是被海伦讨厌或抛弃。

　　霍弗不相信自己天赋异禀，所以他担心别人发现自己是一个冒牌货。他认为自己不能和海伦在一起，害怕自己的"伪装"被剥落。

　　这种心理在回避型的人身上十分常见。被否定会让他们感到难受，他人的称赞或期许也会让他们不舒服。他们经常会感到坐立不安，担心自己没有达到别人的期望，终日苦恼于让对方失望该怎么办、让他人感到沮丧该怎么办。

　　甚至在他人喜欢并接近自己时，回避型的人会认为自己不值得对方的好感或称赞，对方之所以这么做一定是对方误会了什么。这一现象背后隐藏的是回避型的人的坚定信念——他们认为，像自己这样毫无价值、不值得被任何人爱的人，不应该得到认可或被人追捧。此外，他们也担心如果当真了，但后来发现一切都是错误，那么他们很可能会感到尴尬。对他们而言，在这种情况发生之前就全身而退才最安全。

　　无论是充分发挥自己的能力，还是为别人所爱，回避型的人都会低估自己，或直接丢掉摆在自己面前的机会。

直到 40 多岁时，霍弗才能够肯定自己，并以写作的形式表达自己的主张。发生这种变化的原因之一是，通过做码头装卸工人，他逐渐安定下来，生活也越来越稳定。感受自己作为一名工人是有用的同时，他逐渐开始梳理自己阅读和沉思的结果。之后，一位编辑在其提交的杂志投稿中发现了他独特的才华，并花了三年时间向社会交出了他的好作品。到了晚年，他也终于遇见了与自己真心相爱的女性。

◎ 理想生活是不工作

对于回避型的人来说，不工作在某种意义上是一种理想的生活状态。实际上，在家里做自己喜欢做的事情，比在外面工作更能让他们放松。为了生活，不工作绝对是不现实的，但在回避型的人的心里，有着想要抛开令自己不愉快的工作和生活，让自己更加自由、无拘无束的愿望。因此，回避型的人通常都渴望隐居或遁世。

作家是最受回避型的人欢迎的职业之一。

作家可以在想象的世界里畅游而不用在社会上工作，并且写出作品后还能赚取稿费。这样的生活，对他们来说是自由的。最重要的是，他们可以不外出工作。这种状态会让回避型的人对作家这一职业产生憧憬。

然而，现实中，除非能成为非常受欢迎的作家，或者在身为作家的同时还兼有其他职业，否则将难以维持生计。即使成为受欢迎的作家，每天也要写足量的稿子。如果有连载，在截止日期前，还要被迫熬夜赶稿。

像日本作家村上春树那样工作，虽然不需要连载，但每隔几年就出版一部新作，大概只有他本人和《哈利·波特》的作者 J.K. 罗琳能做到。

罗琳小时候充满想象力，成年后也从未真正接触过现实中的工作。她结过婚，也有了女儿，但最终还是选择离婚，成为单亲妈妈。由于失望和生活的艰辛，她患上了抑郁症。

抑郁症痊愈后，她选择在接受公共援助的同时完成自己长期写作的《哈利·波特》，而不是外出工作。这个决定为罗琳创造了无数财富。

如果罗琳强迫自己工作，虽然可以谋生，但没有时间写作，她可能半途而废而无法完成作品。持续蜗居在自己的小世界，而不是在现实中冒险，反而给她带来了成功。

罗琳坚持写自己的手稿，梦想成为一名成功的作家，但实际上这部作品是否会成功对她来说是一个未知数。如果《哈利·波特》没有引起任何编辑的注意，如果注意到它的编辑没有让自己的女儿阅读这部作品，她可能会成为无数业余作家中的一员，逐渐淡出人们的视野。不过，就算

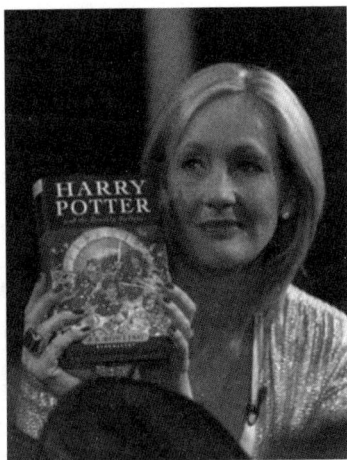

J.K. 罗琳（图片来源：路透社 /Aflo)

失败，试探自己的潜力也不无意义。

尝试各种可能性本身就是远离回避的一个方法。罗琳把自己的潜力投入到更重要的事情上，因此才会避免进入主流社会。从这个意义上来说，她并非选择了回避。即使这意味着偏离主流社会轨道，她依然执着追寻只属于自己的那条康庄大道。

◎ 埃里克森的身份定位

因提出"自我同一性"概念而闻名的儿童分析师爱利

克·埃里克森，在经历自我认同危机和漫长的停滞期后，终于找到了自己的人生之路。

爱利克由丹麦籍母亲和犹太裔德国养父抚养长大，他甚至不知道自己亲生父亲的名字。身为医生的养父希望爱利克能够成为自己的接班人，但不适应学校生活的爱利克没有取得好成绩，无法达到养父的期望。

爱利克是一个情绪不稳定且叛逆的年轻人，与自己的母亲和养父相处得都不好，属于野心和自卑感并存的不安全型。高中毕业后，他没有上大学。他进行了流浪旅行，并在艺术学校学习了素描和油画。爱利克曾梦想成为一名画家。他还在意大利的佛罗伦萨生活了一段时间，但很快就感觉到自己能力有限。

爱利克·埃里克森（©Ted Streshinsky/CORBIS/ amanaimages）

那时，一位在奥地利维也纳做家教的朋友来信，为爱利克打开了突破口。他的那位朋友在信中建议爱利克接替自己的工作。虽然完全没有做好准备，但为摆脱眼下无事可做的状况，爱利克还是来到了维也纳。

等待他的是弗洛伊德及其女

儿安娜·弗洛伊德。当时，安娜一边给父亲打下手，一边试图向儿童精神分析发起挑战。家教的工作内容是照顾从美国来到维也纳，接受安娜·弗洛伊德分析治疗的富家子弟。

爱利克没有精神分析的背景，但他有与孩子相处的能力。察觉到这一点的安娜邀请他走上了儿童分析之路。就这样，爱利克开启了自己不一样的人生。

爱利克指出，孩子们会通过玩耍来表达自己无意识的欲望、恐惧和创伤，并且他意识到这与超越个人的社会因素有关。爱利克的这一发现，突破了一直只关注语言表达和个体内在自我的精神分析框架，摆脱了既定学术思路。正是因为背负着童年的问题，保持着孩子般的感性，他才会拥有与孩子相处的能力。

爱利克后来作为精神分析学家声名鹊起，其部分原因是他高超的临床技能。他成功地治疗了一个又一个疑难患者。因为他自己也曾在成长过程中坠入深渊，但不断从中逃离，所以他才有可能在之后的人生中获得成功。

◎ 关于井上靖

曾因《敦煌》等作品多次被寄予获得诺贝尔文学奖厚

望的作家井上靖，也属于回避型。

他并非由父母培养长大，陪伴其成长的是与他没有血缘关系的外祖母，这在《桧伯的故事》和《绵虫》等杰作中都有描写。但人们对井上的前半生出现过停滞期的事实并不了解。他在相当长的时间里，预见性地采取了一种当今社会十分常见的回避型的生活方式。

井上家族世世代代在伊豆汤岛以从医为生，自从父亲当了军医，一家人一直居无定所，多次辗转搬家。据《幼年时光》和《青春放浪》等记载，井上出生在旭川，但在不到1岁时，他的父亲接到了从军的命令，母亲和井上便搬回了伊豆老家。从旭川到伊豆的路途异常艰辛，当时还是婴儿的井上一路上都在哭。

后来，父亲回到他们身边，一家三口终于又生活在了一起，但这并没有持续多久。再度怀孕的母亲因为照料孩子和料理家务过度劳累而叫苦连天，妊娠剧吐也让母亲感觉极其不适。最终，长子井上被托付给了外祖母。本来井上只是暂时被寄养，但母亲在分娩后并没有接井上回家团圆，反而以井上喜欢外祖母为由，再三推迟接他回家的计划。时间如白驹过隙，一年的时间转瞬即逝。

母亲好不容易决定接井上回家，但是，他死死地拽着外祖母不走，外祖母也不肯把井上交给母亲。母亲最终选择了放弃，井上和外祖母一起住在土墙仓房里，直到他小学六年级时，外祖母去世。

事实上，外祖母与井上没有血缘关系。外祖母是井上外祖父生前的一个妾，收养了井上的母亲作为养女。对于绝望的外祖母来说，将女儿的长子井上留在身边就像是升起了一面能够巩固自己地位的锦旗。这使她更加痴迷于抚养井上。此外，井上最终由外祖母抚养

井上靖（图片来源：每日新闻社/Aflo）

长大的另一个原因可能是井上的母亲无法对养母采取强硬的态度。

总之，井上在不知情的情况下卷入了成年人的"争斗"，失去了与母亲建立依恋的机会，而一味沉溺于外祖母的宠爱。

按照约定，井上小学毕业后，将要离开外祖母，搬到滨松与父母一起生活。正当他怀着沉重的心情准备与外祖母告别时，外祖母感染了白喉，意外去世。当时，距离他

小学毕业还有三个月的时间。

井上因为外祖母的离世而伤心地大哭。与父母生活在一起并没有给他带来快乐，失去外祖母的悲伤在他心中又挥之不去。

井上搬到了滨松，但小升初考试失利。好不容易才回到父母身边的他过了一年的复读生活。那段日子，他过得并不快乐，井上对父母没有什么依恋，而且还得再上一年小学，这让他感到屈辱。进入初中后，他搬进了宿舍，开始了寄宿生活，跟父母的联系越来越少。

当时，井上热衷于器械体操，后来又迷上了柔道这项运动。井上考入金泽四高（金泽大学教育学部）后，每天都会全身心投入柔道中。青年时期，井上非常害羞，不善言辞，难以敞开心扉，固执且叛逆。对于这样的井上来说，严于律己的生活显然更加合适。不仅仅是井上，其他回避型也常常在苦行僧般的自律中找到救赎。

然而，即便如此，井上也遇到了意想不到的挫折。

作为柔道社的负责人，井上采取了一些措施，稍微放松了社团的纪律，以避免新成员因训练过于严格而退出社团。然而，他的管理理念与前辈们的想法发生了冲突，这引起了尊重传统的资深校友的愤怒，加之当时的社会背景，双方的矛盾发展至不可调和，所以最终他选择了离开柔道社。

这段历程只在《我的自我形成史》中有所提及，并没有出现在回顾那段时光的其他著作中。这件事发生在井上高中生活的最后阶段，在井上的心里留下了深深的伤痕。

井上来自一个医生家庭，因此，他自然被期望成为一名好医生。进入四高后，他选择了理科。但很明显，井上的天赋不在理科方面。他的成绩很难考上医学部。井上从高中时代起就对文学感兴趣，并开始创作自己的作品。

井上本想在京都帝国大学攻读哲学，但因为身在理科，对文科知识的学习具有一定的局限性，最终，他考取了有空缺名额的九州帝国大学英语系。

然而，井上没有去九州，而是选择在东京的一个出租屋中阅读自己喜欢的书籍。当时他的父母不在他身边，他相对比较自由，因此才能过上这样的生活。

即将进入大学三年级时，他发现京都帝国大学出现了名额空缺，便急忙转学到了那里的哲学系。井上决定重新开始自己的大学生活。然而，即便如此，他也没有去听过课，只和几个朋友交往。井上对以后想做的事情没有特别的期望和目标，生活中也十分散漫拖沓。

　　井上的这种生活方式，在经济高速增长结束后，开始出现在学生中，当时还有人提出了停滞的人生、停滞的一代等说法。可以说，井上算是走在了时代的"前沿"。

　　合法延缓期的意思是，青年后期，自我同一性发展将出现停滞，以作为进入社会的缓冲。换句话说，它指的就是在人生真正开始之前、没有做出关键决定的情况下度过的一段空虚期。从回避关键决定和行动的意义上说，它是回避行为的一种形式，并且可以被描述为暂时的回避。

　　在漫长的人生旅程中，类似停滞的生活状态在某些阶段非常必要。但问题是，如果永远停滞下去，人生最终将一无所有。

◎ 合法延缓期能否成为人生播种期

　　合法延缓期会一直持续还是逐渐结束？其发展进程中的分水岭会出现在何时？让合法延缓期成为实现新跨越的人生播种期需要人们做些什么？

　　大学毕业之后，井上进入了一家报社。即使在找到工作后，井上停滞期和回避的生活方式也仍在继续。

　　那时，报纸记者分成了两种不同的派系。一种是拼命工作以取得成功，并获得头条首发新闻资格的记者；另一种是退出竞争，按照自己的节奏悠闲度日的记者。不用说都知道，井上属于后者。井上到了中午才会去上班，而且很快就会下班，根本不理会那些连睡觉时间都几乎没有的记者。有时他还会连续几天不上班。应该说，井上真的很幸运，当时竟然有人能够允许他以这种态度工作。

井上被分配到了报纸的次要栏目（以宗教和艺术等内容为主）工作，但这为他打开了新世界的大门。报社有一批杰出的行业先驱，他们在各自的领域里拥有深厚的学识造诣，井上在他们的教导下对佛教和艺术进行了学习。此外，井上还通过采访对真实的大千世界进行了观察，并通过与作者的接触，形成了自己看待事物的方式。被委托撰稿也为井上日后成为作家奠定了很好的基础。

那时正值战火弥漫的黑暗时代。对井上而言，正是对政治和经济动荡的远离、对精神世界的沉浸和对现实世界的回避，为自己的创作提供了肥沃土壤。

合法延缓期并非浪费时间。有时，人们的确需要暂时的停滞。重要的是，如何有效利用这段时间。

避免现实中的琐事和学会保护自己非常重要，但如果这已经导致一个人的可能性变窄，那么就不必再指望以后会有成果。如果可以尝试一些能够丰富内心的工作，或在避免某些方面的同时勇于在其他领域发起新的挑战，合法延缓期也可以成为人生重要阶段的播种期。

◎ 是什么把山头火从危机中拯救了出来

为使合法延缓期发挥积极作用，经济支持非常必要。井上靖在经济上就完全仰仗于自己做军医的父亲。当然，他也可以像罗琳那样选择社会福利费作为自己的生活来源。

如果回避型的人要实现理想，有自由时间追求自己的道路，经济基础必不可少。江户川乱步通过经营一家寄宿旅馆维持着自己不稳定的作家生活。爱因斯坦在专利局工作，以确保有足够的收入支持自己在物理世界中畅游。

而山头火却选择了乞食。

曾任图书管理员的山头火为何落得这般境地？这种生活意味着什么？

辞去图书管理员的工作后，山头火再次过上了一日打柴一日烧的生活。谁知命运多舛，当时又恰逢关东大地震。山头火不仅失去了自己所居住的房子，而且还被怀疑与社会主义者有牵连，被宪兵队抓获并关进了拘留所。邻近的一间牢房一直在实施酷刑，山头火在这种状况下度过一夜后身心俱疲，深感"诸行无常"。在逃离东京的路上，与他同行的一个年轻人感染了伤寒，在京都去世。

山头火衣衫褴褛地回到熊本时，他唯一可以求助的就是自己的前妻。但当他突然出现在前妻家门口时，他的前妻咲野却不假思索地将他拒之门外。

在一位同样热爱文学的朋友家里借住了一段时间后，他回到了已然变为一片废墟的东京，但在这样的状态下，他显然无法维持生活。看到自己前夫的困境，咲野的态度有所缓和，答应与他一起生活。

虽然离了婚，但他们并非因为讨厌对方而分手。对于儿子，山头火也认识到了自己的责任。前妻虽然至今仍然不想和可怜的自己重归于好，但她可能已经感觉到了，有父亲的陪伴，对儿子的成长更加有利。

他们的长子健，即将进入初中。咲野想让健上完小学就去工作，但是山头火却坚持认为应该让健去上中学。除参与家庭事务外，他还决定要为这个家尽一点绵薄之力，于是他开始在咲野的文具店"雅乐多"帮忙。

对山头火来说，儿子升学成为他参加工作并过上体面生活的契机。

　　然而，他只是在最初的一两个月尽职尽责地经营着这家店铺。之后，山头火再次陷入抑郁之中，每日借酒浇愁。

　　使山头火再次抑郁的事件发生在那一年的年底。几天没有看到自己的前夫，咲野也不知道他在繁忙的年末去了哪里。有一天，山头火喝得酩酊大醉，站在电车轨道上，拦住了电车。一个熟人把正在遭人殴打的他从愤怒的乘客中救了出来，并把他带到了一座名为报恩寺的禅寺。

　　清醒过来后，山头火在报恩寺待了一段时间。听到这个传闻并在几天后前往该寺庙时，咲野发现山头火正一心一意地用抹布在走廊上除尘。前夫这么多年来一直都是臭气熏天，连自己的被褥都没叠过，因此，咲野对自己眼前的这一幕非常惊讶。问及此事时，一位僧人说他是一位虔诚的修行者。最后，咲野将山头火托付给了那位僧人。

　　山头火坚持诵读佛经，履行职责，三个月后，他以佛号种田耕亩出家得度。出家后，山头火被安排在一座名为味取观音的寺庙担任看庙人。

　　味取观音是一个只有约 50 名修行者的分寺，仅靠捐款无法维持运营，因此必须乞求施舍。从此，乞食便成为山头火余生的收入来源。正因为他有乞食这样一个谋生手段，才能够以流浪的方式生活下去。昭和经济衰退后，乞食也变得更加困难，但在那之前，十几户人家的施舍就足以装满一个化缘用的铁钵，而这已足够保证山头火一天的基本伙食。

◎ 乞食的生活方式

乞食本身就是一种修行。在古印度等地，乞食最初是为支持苦行僧而确立的一种社会制度。这是一个互利的社会制度，不仅乞食者受益，施舍者也可以通过自己的善行积累功德。日本的部分地区的人有强烈的宗教信仰，人们对乞食者乞食的行为表示理解并且给予一定的支持。但也有一些地区，人们会采取轻视的态度或试图排挤他们。在佛教中，乞食在本质上应该是一种高尚的行为，如果把它理解为乞讨，就会被鄙视为单纯的要饭，但其实两者间的界限并不总是那么清晰。

对于回避型的人来说，乞食似乎是一种非常熟悉和亲切的生活方式。

以蛰居族为例。处于蛰居状态的人通常会依靠身边人的怜悯而生活。这里所说的身边人可能是父母、兄弟姐妹或伴侣。他们会等待这些人把每天赚取的食粮分享给自己，并以此为生。这使他们不必到社会上去劳动或谋取利益。

从某种角度来说，修行是指不从事任何生产活动，只为自己花时间。但如果只从这个方面去考虑，修行就相当于不找工作，经济上不独立，以回避社会上的各种复杂情况的一种生活方式。其实，乞食也是一种修行。

普遍的价值体系会把那些不参与社会活动、经济不独立的人视作问题般的存在，有时还称他们是"寄生虫"。工作会让一个人产生贪婪的欲望和对生命的执着，而净化自己和修炼佛性则是化解这种执着的方式。因此，佛教修行者通常会被建议做一个纯粹的乞食者，不参与任何工作，靠乞食为生。

回避型的人往往渴望出家或采取隐居的生活方式，如山头火那样。他们认为，一切现状都具有暂时性。如果是这样，那就不能纠结于现在摆在自己面前的现实。因为暂时的现实最终会发生改变。

对母亲的依恋因为母亲的自杀而被残酷地切断，这使山头火无法相信自己对尘世的依恋。如果连母子之间的绝对纽带都可以通过选择死亡而不是保护孩子的方式轻易地被切断，那么世界上还有什么值得相信？

　　一切都是自然而然的结果，但是，陷于上述想法的山头火无法在一个地方扎根并且积极地生活。

　　如果这个世界充满快乐和愉悦，让人想不惜一切代价继续生活下去，那么山头火就会对生活更加渴望，即使遭到他人排挤，也会努力谋求自己的立足之地，但他缺乏这样的斗志。

　　试图获得一份正式的工作或定居下来时，他同样在"乞食"。包括做图书管理员、前妻商店的店员、看庙人和文学杂志编辑等在内，他在定居期间所做的工作与其说是为了积极谋求利益，倒不如说是被动地获得居住场所。而且在整个人生历程中，对于自己所获得的一切，山头火都选择了中途放弃。

　　说到编辑文学杂志，曾有意在熊本安家的山头火为保证自己有足够的生活费，创刊过一本薄薄的杂志。这看起来是一桩生意，但实际上是他向熟知自己的支持者们乞食的一种方式。

　　通过他人的帮助，杂志订阅者的数量超过了预期，这确保了山头火拥有足够的生活保障。然而，收到一笔出乎意料的巨款后，山头火开始沉迷于酒精，不再写俳句，甚至停止了自己所承诺的杂志发刊。三期之后，一切不了了之，但有些人已经付了一年的订阅费，周围的人都担心这可能会损害山头火的声誉。

就在事态越发紧张时，他没有收拾残局就选择了离开，再次开始了乞食和流浪生活。

◎ 不为欲望而工作

不同于积极生产、寻求利润并创造财富的生活方式，乞食是靠别人的剩余资源为生。这意味着乞食者不拥有额外的财富，仅通过最低限度的必需品维持着简单朴实而又清贫的生活。

采取这种生活方式的人不直接从事生产活动，而是依靠其他人的布施为生，这在公务员和政府官员中十分常见。在日本，僧侣、公务员和官员曾广受尊重，但这种尊重来源于他们职业的公共性，这意味着他们不会直接参与生产或寻求私人利益。或者说，他们不会特别有利于某人，也不依附于任何人。

他们每个月都会领取固定的工资，获得的报酬不会受外界因素影响，也不会因为对某人有益而得到特殊对待。这样一个群体结构对于维护公共性非常必要。为大多数人创造幸福生活的人需要放弃个人的贪欲。这与使用通过布施和乞食获得的善款为他人供给吃食如出一辙。

乞食者会以站在屋檐下诵经和祈祷的形式来报答他人捐款、捐物的善行，从而帮助其摆脱可能遭受的不幸或悲痛。换句话说，他们没有提供具体和直接的物品与服务，而是通过自身放弃世俗的欲望和洗涤精神世界来间接地为捐赠者谋取福祉。这种间接性的方式，可以有效拉近和回避型的距离。

如果通过物品或服务进行回报，就会显得有明确的责任。如果是间接性关系，责任就显得相对模糊。同时，也有可能会被一种对自己负责的抽象责任取代，但不需要为别人负责也是无可厚非的事实。

不管是念佛、供奉、乞食，还是在杂志上发表俳句，给别人带来快乐，都不必直接对他人负责，取而代之的是一种抽象的责任，这对回避型的人来说的确会比较容易。

| 第六章 |

克服回避心理

◎ 两个层面的课题

要想克服回避，就要把回避区分为两个层面。一个是与生俱来的，另一个是逃避现实与问题而产生的回避行为。回避型的人一旦成功适应了现实，便不会出现回避行为。然而，越是停滞不前，问题累积出现并相互影响的可能性就越大。

对于回避型的人而言，并不需要全盘推翻自己的依恋模式。可以说，回避型是一个人的特征，与心理性相比，更多体现的是生物性。只要能提升自身稳定度，让依恋模式朝着安全型的方向转化即可。恋人、朋友等不应引导回避型的人去改变，更好的做法是坦然接纳他们的性格特征，并努力帮助他们发挥性格优势。只有这样，才能让他们真正成为安全型。

然而，回避行为必须克服且一定可以自行克服。如果总是回避，不正视现实问题，将无法活出自己的人生。想要夺回自己的人生，就必须改掉回避的习惯。为实现这一目标，回避型的人需要自我修复才能转变为安全型的人。

因此，在这一章中，我将为正处于严重的回避状态或正试图帮助回避型者的读者们介绍一些治疗回避所必需的态度和方法。

在第七章中，我还会介绍回避型的人如何过上富有成效的生活，以及将回避型的人转变为安全型的人的技巧。

◎ 改变回避的思维模式

不愿意面对问题、总爱回避的人往往有着相同的思维模式。例如，他们总觉得，反正也是失败，干脆试都别试。他们之所以会这么想，要完全归咎于失败经历所导致的创伤。他们会说，自己做什么都不会顺利，即使做了，也只会伤害自己。久而久之，他们自然会得出"面对问题或挑战，最好选择逃避"的结论。

然而，事实真的是这样吗？

请想一想，为成功站立并行走，幼儿付出了多么大的努力，又反复挑战了多少次？哪一个人不是经历了一次又一次的失败，不断遭受挫折，好不容易才站起来，艰难地向前迈出了第一步？穿衣服、骑自行车、读书、写字……哪一项不是如此？这些不都是我们在不断尝试、不断失败后习得的能力吗？

自认为什么事都做不好的人是不是已经忘记了小时候的自己呢？只要仔细回想，就一定还能举出大量类似的例子。过往人生中，你一定也曾勇敢地挑战看似不可能的任务，并且将其化为可能。

一位24岁的男性已经蛰居了大约6年，他一直说自己做什么都会失败，要么自己出丑，要么被他人放弃。高中时，他没有认真学习过，曾一度中断从小学开始一直坚持的体育活动。他说，自己的所有课程都是半途而废，从来没有为了任何一件事持续努力过，也没有想要努力实现的目标。

但他在初中时曾一直担任球队的队长。被问及是否承认因为自己肯努力并且成绩得到他人认可而当选队长时，他说，自己从小学起就开始涉猎相关体育活动，正是因为经验上较他人略胜一筹，所以才能够担任队长一职，之后他还讲述了一段导致他放弃这项运动的屈辱经历。

初三结束时，他的球队与低年级学生进行了一场比赛，结果输得很惨。这击碎了他作为选手和队长的骄傲。从那时起，他对这项运动失去了兴趣并且因此而离开了球队。不仅如此，他好像因此对其他事情也完全提不起兴趣，生活过得相当乏味。

◎ 描述过去受伤的经历

摆脱回避，几乎等同于夺回人生的主体性。要想实现这个目标，首先要正视引发回避的原因，描述自己过去受伤的经历。为重拾回避前的自己，这是不可避免且不可或缺的过程，更是摆脱回避的必经阶段。

已经陷入回避的人再次描述受伤经历是回归自我的重要步骤。无论是不满、愤怒，还是绝望，都应该表达出来。唯有面对并正视受伤经历，才能逐渐摆脱回避。

问题是，目前常见的心理治疗以症状为关注点，所有的治疗手段都是为了减缓症状，对于从中衍生的焦虑和精神紧张等，通常会使用镇静剂等进行抑制，引发回避的根本问题却没有解决。虽然能减轻日常生活中的痛苦，但距离真正的回归自我却越来越远。这种所谓的治疗只会让回避成为常态，无法帮助人们真正摆脱回避。

　　当然，并非只要说出受伤经历就能立刻摆脱回避。如果只是自怨自艾、满口绝望悲伤，将无法真正地回归自我。只有在不断描述的过程中，从原本被认定为失败的经历中找到积极的一面，改变想法，才有可能掌握摆脱回避的关键。

　　在前面提到的那位男性的事例中，他口中的屈辱经历并不完全真实。经过几次交谈，他又向我讲述了另外一个事实。当时他就读于一所初高中一体校，高三时，曾有过这样一段经历。

　　虽然已经很多年没做过运动，但他还是直接去找了教练，并被允许归队。这是一个反常现象。对大多数学生而言，高三是求学过程中一个很重要的阶段，无论是升学备考还是寻找就业机会，这一阶段理应十分忙碌。但他却敢于在高中即将结束时重新加入球队。

　　然而，结果并不乐观。长时间的空白期已经使他的技术发生退步，而其他队员的实力却大有增长，为此，他经历了不少挫折。最后，他带着挫败感完成了高中学业。

　　之后他开始了蛰居生活，没有进一步接受教育或就业。他说，最后，一切都以失败告终。

失败，真的是失败吗？

无论作为队长还是球员，他的自尊心都受到了极大的伤害。因此，他未能继续参加运动，只能通过远离这项运动来保护自己。但是在高中生涯快结束时，他对那样的结局感到有些不满。于是有一天，他恳求教练允许自己归队。这是一个抛开面子与自尊的真正勇敢的决定。即使没有收获自己想要的结果，再次进行尝试也具有重大意义。

但这个比大多数人更骄傲、对理想更执着的人，把自己的挑战当成了失败。就连自己最有信心的运动，也被迫放弃。"我到底还能干什么？"考虑到这一点，他对人生感到绝望，不再采取新的行动。

他需要培养积极情绪，从另外一个角度看待自己的过去，停止蛰居并踏入社会。同时，他还必须转变自己干什么都不行的错误观念，让自己不再逃避问题。

◎ 关于荣格

克服回避的关键是意识到自己正在逃避问题，并做好不再逃避的准备。换句话说，只有下定决心挑战自己，才能成为最好的自我。

以现在的观点来看，世界知名精神医学大师卡尔·荣格的少年时期或许会被诊断为发育障碍，或自闭症谱系障碍。他宁可自己一个人沉浸在幻想世界中，也不愿意和其他孩子一起玩，这导致他分不清幻想与现实，经常做出不合常理的事，并因此而遭到斥责。四肢不协调的他很讨厌运动，性格又有些神经质，精神又容易紧张焦虑。

这种孤僻与强烈的焦虑不只是遗传因素导致的，养育环境对他造成的影响也很大。荣格的母亲属于不安全型的人，对孩子漠不关心。他从小就觉察到了母亲不易亲近，他晚上总是和父亲一起睡。不过，他的父亲也是个不谙世事的回避型的人，无论父亲还是母亲，都无法帮助荣格成为安全型的人。

他的父亲是小镇里的牧师，同时也研究古代语言学，因此家中有许多老旧的书籍文献，这让荣格从小就对看书写字有很大兴趣。他在当地的小学就读，成绩优秀。牧师之子的身份让他得到了很多特殊的关照，一直平稳顺利地成长。

不过，一切从他10岁那年开始改变。那时，他刚刚从小镇到巴塞尔上中学。

那所学校的学生大多来自附近村镇中特别富裕、社会地位较高的家庭。家境贫困的荣格只能穿着有破洞的鞋子和不起眼的衣服上学，为此，他感到羞耻与自卑。不仅如此，荣格在最有自信的学业上也尝到了挫折的滋味。尽管在镇上的小学名列前茅，但到了人才济济的中学，荣格瞬间沦为普通学生。除了不擅长美术、手工与体育外，他的代数成绩也很差，因为他完全无法理解抽象的数学概念。

老师们将荣格视为劣等生，这个认定使他的自尊扫地。对荣格来说，学校是个令人讨厌且难以忍受的地方。

12岁时，他因被其他学生推挤而跌倒，头部撞到了路旁的石头，当场晕厥。那一瞬间，少年荣格脑中闪过不用上学的念头。从此以后，失去意识后跌倒的情形一而再、再而三地出现。每次发生这种情况，一定是他面临棘手的课题之时。

卡尔·荣格（图片来源：Yousuf Karsh/CAMERA PRESS/Aflo）

过去，这种现象被称为癔病，现在则被称作转换症状。他所出现的躯体症状是回避压力的表现。换句话说，荣格"因病得福"。

正如少年荣格所期待的那样，父母帮他向学校请了假。不受任何人打扰的少年荣格尽情玩乐，看自己喜欢的书、漫画或沉浸于幻想世界。即便如此，他抑郁的心情也没有变得舒畅。关于这一点，荣格在自传中写道，当时他已隐约觉察到自己想要回避什么。

荣格的主治医生认为他或许是得了癫痫。由于当时的医疗水平还无法完全治愈这种疾病，他的父母因此陷入悲观，担心起儿子的将来。

休息了半年左右，某一天，荣格无意间听到父亲对家里的客人说出了内心的担忧。

"如果真是医生说的那个病，这孩子的一生恐怕将无法靠自己活下去。"

听到父亲悲痛的话语后，荣格产生了一种危机感。他深刻地感受到，如果不做点什么，自己将毫无未来可言。那一刻，他的心中荡起了层层波澜。下面是他自传中的两段话：

"他的话，对我来说，无异于晴天霹雳。我的思想与现实发生碰撞。'为什么？那……除努力外，我别无选择！'这个想法蓦然出现在我的脑海里。

"从那一刻起，我忽然变成了一个严肃认真的孩子。

我蹑手蹑脚地溜走，来到父亲的书房中，拿出我的拉丁文语法书，开始聚精会神地死记硬背。10分钟后，晕厥发作，我差点从椅子上摔下来。不过几分钟后，我感觉自己的状态有所恢复，便又开始学习。'见鬼去吧！我不会晕倒！'我对自己说。我努力坚持着，过了15分钟，晕厥再次发作，和第一次一样，很快又好转。'现在，你必须好好努力！'我咬牙坚持。半个小时后，晕厥第三次发作。尽管如此，我依然没有放弃。我又继续学习了半个小时，直到感觉自己已经战胜晕厥。忽然间，我感觉，与之前的几个月相比，自己的状态好了很多。事实上，从那以后，晕厥再也没有发作过。从那天起，我每天都拿出语法书以及其他的课本学习。几周后，我回到了学校，并且再也没有晕厥过。这些花招从此不再起作用，消失得无影无踪。"

荣格曾扪心自问"真的要这样下去吗"，当他下定决心再也不回避自己的人生，从那一刻起，他真正走向了康复。同时，这段经历让荣格深刻体会到，精神症状往往只会在人们无法正视痛苦并企图回避时发生。唯有面对，才能真正克服。

◎ 心理创伤与躯体症状同时出现

构建回避情境的心理结构，是通过双重回避反应得以强化的。

首先是在已经形成心理创伤的情况下，为避免再次受伤而进行防卫。这是一种任何人在遇到不愉快的经历后都可能出现的回避反应。

其次是防卫之后的下一个阶段，即回避失败后产生的精神焦虑及抗拒，具体可表现为躯体症状。这时，如果逼迫他们面对引发创伤的环境，他们会感到异常恐惧。

对荣格而言，他想回避的是校园霸凌、同学的调侃，以及学业失败导致的心灵创伤和自卑感。对他而言，学校是一个非常危险的地方。正因如此，他产生了想要回避的念头。这个念头借着晕厥展现出来。为避免再次昏迷，他只好请假不去上学，这使他的回避有了正当的理由。只要"癫痫"还会发作，就不能去学校，这让他成功回避了曾经让自己产生创伤的学校。换句话说，荣格通过躯体症状成功回避了再次产生心理创伤的可能。晕厥成了他说服自己与周围人的必要条件。

在这种情况下，如果荣格继续上学，除加重症状外，对他没有任何帮助。

但是，荣格意识到，比起眼前的种种不快，更应该以大局为重，这为少年荣格最终成功摆脱回避奠定了坚实的基础。

他觉察到自己的所作所为其实是在给自己设限，让自己逃离不愿意面对的事。还好，他勇敢地对自己错误的生存之道说不，为重回人生正轨，下定决心改变自我。

这是克服回避的必经阶段。眼前的焦虑固然令人恐惧，但没有未来的痛苦显然更加强烈，这使他能够正视自己一直以来所回避的现实，内心的想法也因此发生了180度的大转弯。

这种转变所需要的时间因人而异。有的人可能会像少年荣格一样瞬间改变，有的人则需要花费很长的时间。一般来说，只要做好准备，慢慢积累，一旦时机成熟，就会立即发生改变。事实上，休学的那半年，少年荣格看似尽情玩乐，但其实，他因为自己的回避而充满了罪恶感，这恰恰促成了他在那一瞬间的突然醒悟。

无论时间长短，所有克服回避的人都会经历心理上的转变，"继续回避下去也不是办法""无论怎样，我都要豁出去试一试"，在自身观念的影响下觉悟并下定决心行动。

事实上，一旦有所觉悟，先前所有的焦虑、恐惧以及自己认为完全不可能的事情，似乎都没有什么大不了的。只要不顾一切地向前迈出一步，就会发现那些曾经不断折磨自己的焦虑与恐惧只不过是幻想。

◎ 突破回避

回避状态其实很像一个人困守城中的状态。周围高高的城墙似乎可以起到保护作用，但自己也因此被困其中，无法脱身。受伤的心灵会带来极度的恐惧，让人难以跨越那堵高墙。

更具体地说，困守城中的人害怕自己被人忽视，担心是否会被人冷眼相待，他们不希望因为再次失败而惨遭怒骂，这种不安与焦虑让他们失去了面对和走向外界的勇气。可是，越不敢于走出去，恐惧就越是会加剧；越是害怕面对，就越会被自己的幻想吞噬。

突破回避，最有效的方法是鼓起勇气想象自己最害怕面对的状况，如尝试想象没有人愿意跟自己说话、自己被人冷眼相待、失败后被众人取笑看扁等。当然，除想象自己所害怕的状况外，还要尽量还原自己在面对那些状况时的痛苦与悲伤，并试着去体味。努力感受那种凄惨、自尊扫地的受伤情绪，以及自己面对最害怕的状况时会有多么难受。

实践过程中，最初可能会涌现出排山倒海般的痛苦，人也很容易被悲伤淹没。然而，继续想象下去，渐渐地就会产生或许没有想象中恐怖、似乎没有什么大不了的想法。这种心理操作被称为满灌疗法[①]，是让为焦虑与恐惧所困的人走出困境、突破回避的技巧之一。

陷入回避陷阱的人往往都受困于自己的想象，这被称作预期性焦虑。其特征是为现实生活中尚未发生的事情而感到担心。满灌疗法并非让人从引发预期性焦虑的状况中逃离，而是通过让患者暴露在刺激性情境中来克服自己想象出的恐惧。

这时，首先要想象自己害怕的状况并加以描述，通过这种方式来做好心理准备。对创伤较深且回避心理较强的人而言，光是描述自己所害怕的状况就非常痛苦，无法保持平静。这种情况下，治疗者通常会鼓励患者，帮助其面对并感受当下的痛苦。只要坚持，真正做到不回避，心中的焦虑与恐惧就会越来越淡，继而成功克服。

---

① 满灌疗法（flooding therapy）也称暴露疗法、冲击疗法或泛滥疗法，是一种把病人暴露在某种刺激性情境中，使其产生耐受和适应的方法。

◎ 降低过高的期望值

回避型的人之所以会筑起高墙，困守城中，除内心创造出的恐惧外，还有另一个重要因素，那便是过高的期望与理想。过高的期望与理想会加强因害怕失败而产生的焦虑与恐惧，让回避型的人的高墙越垒越高。

内心拒绝上学或上班的人，大多也会表现出每天都坚持出勤的正常社交，让人看上去他们似乎对学业或工作充满热情。但这其实会让他们觉得筋疲力尽，第二天可能就无法再继续上学或上班。

引发这种现象的原因在于他们为自己设定的目标太高。他们认为，既然要出勤，就一定要有高水准的表现，如果做不到，还不如不去。但是，没有坚持上学或上班，怎么可能表现良好，又如何与朋友或同事热情地互动呢?

大学生 K 美在连休结束后就没有去学校，为此，她来找我咨询。

K 美喜欢英语，并梦想着将来出国留学，因此，她进入了一所语言类大学。K 美被外教小班教学和英语演讲等极具魅力的课程内容吸引，对学习充满了热情。然而，慢慢地，她出现了头痛的症状，早上无法起床，所以经常请假。K美每休息几天就会去学校上课,她总是尝试着与同学们聊天,并在课堂上积极发言。她认为,只要自己去上学,就必须在各方面都表现出色。但是,上了一天学后,她通常会因做事太小心而疲惫不堪,第二天开始感到不适,于是需要继续休息几天。周而复始,她根本完成不了学业。

K美一直在追求所谓的理想自我和自己应该有的状态。如果不能达到她认定的标准,她宁可不去上学。

这是在优等生逃学者和蛰居者中常见的模式。由于总是拘泥于所谓的理想状态,因此,他们不能接受任何达不到自身标准的状态。他们对自己默默地坐在教室里而不发言或被朋友抛在脑后感到很痛苦。只要在课堂上,他们就想展现自己好的一面,得到老师和其他学生的认可,而且他们还会踊跃回答问题,以免让自己难堪。

请假休息意味着避免自尊心受到伤害。他们这样做,是在保护自己。此外,再加上头痛、情绪低落或早上无法起床等症状的发生,回避就成了一种合理且固定的自我防卫。

为协助其摆脱回避,我们首先要接受他们的痛苦,充分与他们共情,让他们面对自己逃避的事实。通过这种方式，他们会意识到，自己需要对抗的不是头痛或早上起不来的症状，而是试图逃避自己受到伤害并因此而感到焦虑的事实。

之后还应该要求他们谈一谈自己最害怕发生的状况，这就相当于把他们所逃避的事情摆在了桌面上。K美担心人们会忘记很长时间没有外出的自己、担心没有人会把自己当回事进而忽视自己、担心人们问自己为什么缺勤，这些都会让她不知所措。此外，她还担心自己跟不上课程进度、担心被老师提问时什么也回答不上来。

我发现，K美对未来持悲观态度。因此，我特意与她讨论了这个问题。他们真的会忘记你吗？他们真的会忽视你吗？通过提问，我要求她客观冷静地分析自己的处境。

她说，她想朋友们看到她时会走过来，非常自然地跟她说话。至于课程，我们也谈到了她出国留学的目标，如果她出国留学，将会接触到更多的知识。到时可能也会出现被老师提问后回答不出来的情况。为此，我曾敦促她改变自己的观点，并告诉她，如果是这样的话，现在最好能提前适应。这种操作被称为再构法①。具体来说，就是帮助

①　再构法（reframing），是指改变来访者对自己的问题的看法，或赋予其情绪、思维内容以更积极、更灵活含义的过程。

K美认识到，课堂上回答不上来问题也能发挥积极作用，无须像以前那样一味地担心、恐惧。K美似乎明白了，但她又说："我能理解你的意思，但我仍然十分害怕。事实上，如果发生这种情况，我还是会有消极的想法。"

这很正常。焦虑和恐惧是正常的心理现象，也是正常的生理现象。因此，如果不摆脱恐惧和焦虑，就很难改变自己。那么，针对这种情况，非常有效的一种方法便是前面提到的满灌疗法。

我曾请K美想象自己最害怕或恐惧的场景。这是一种通过想象进行的假性体验。

虽然她一开始会感到非常苦恼和痛苦，但我还是鼓励她不要停止想象。之后我又问她，这个过程到底有多痛苦。例如，是否难过得要死？是难以忍受的吗？后来她的情绪逐渐平静下来，厌恶反应减弱后说道："我很难受，但还不至于死""也许不是无法忍受""我有点太认真了""现在看来并不是什么大事"。最终，K美说，她觉得自己已经做好了准备，想尝试去上学。

虽然也想继续休息，但现在她能够客观地看待自己的处境，深知继续逃避只会让事情变得更糟，自己以后会为此付出更大的代价。不能出门上学的痛苦感受大大激发了她想要改变自己的欲望，从而促使她积极地采取行动。

因此，在长期缺勤后，K美于咨询后的第二周回归了课堂。此后，虽然最初也常缺勤，但渐渐地，她的出勤率越来越高。

如果恐惧心理特别强烈，甚至难以展开想象，采用满灌疗法的确为时尚早。然而，如果本人愿意克服困难，勇敢面对，满灌疗法将是一种非常强大的武器。

◎ 关于森田正马

回避的症状一旦强化，人们将很难突破回避的循环。正视回避，不但能摆脱它的诅咒与束缚，还能获得打破恶性循环的机会，让人不再因为不安与焦虑而选择回避。

提出这一观点的人是森田正马。森田是神经衰弱这一概念的提出者，同时他还作为森田疗法的创始人而广为人知。森田本人曾饱受神经衰弱的困扰，但最终成功克服，其经历与荣格极为相似。

森田就读于一高（现东京大学教养学部）时曾为神经衰弱症所苦，心悸、头痛等症状使他陷入困境，无法专心投入学习。尽管接受过不少治疗，但他非但没有痊愈，病情还每况愈下。雪上加霜的是，大考前，他的父母决定中断对他的经济援助，森田在悲哀与无助的双重打击下，产生了轻生的念头。

但是，后来他又忽然改变了主意。他认为，既然连死都不怕，不如抱着必死的心态做自己想做的事情。

从那以后，森田无视心悸给自己带来的痛苦，抱着"反正都是死"的念头，专注于自己一直想做却没能做的事情。为此，他拼命钻研进度落后的课业。

他发现，之前因受病症影响而无法投入的课业，一旦认真面对，竟然十分有趣。为了早日追上落后的课程进度，森田忘我地学习，在考试中取得了好成绩，父母也因此同意继续给予他经济上的支持。后来，他忽然发现原本折磨自己的病症都消失了。对于那些所谓的症状，越是想要治疗，越会恶化，一旦抱着必死的心态专注于自认为重要的事情，人们就会完全忘记那些症状，在不知不觉中痊愈。

这段经历让森田进入了一个新的境界。他发现神经衰弱症无法靠治疗获得痊愈，只要专注于自己认为重要的事情，那么表现出来的症状自然就会消失。

有位因心悸和焦虑而感到苦恼的学生找到森田，希望能接受治疗。那位学生说："因为症状太严重，所以想要休学，专心治疗。"森田的回答是："如果你因为症状而休学，将永远无法获得痊愈。"同时，他还向那位学生解释了为什么不要试图针对症状进行治疗。学生接受了他的建议，遵从"不理会表面症状，对症状置之不理"的指示，一如既往地坚持上学。结果，那位学生不但拿到了所有学分，症状也自然而然地消失了。

森田疗法的基本理念"顺其自然"就来自他的这些经验。如下文所述，他的理念被认为领先于当时最新的治疗理论，获得了很高的评价。

◎ 需要乃行动之母

满灌疗法和森田疗法都属于心理治疗的手段。不过，现实生活中发生的一些事情也有类似功效。

用尽一生创建日本国民咖啡品牌罗多伦咖啡的鸟羽博道，也患有对人恐惧症和赤面恐惧症[1]。

鸟羽的父亲是一名画家，毕业于东京美术学校（现在

---

[1]　赤面恐惧症指的是对社交或公开场合感到强烈恐惧或忧虑，并且出现脸红，因而尽力回避这些场合的一种心理疾病。

的东京艺术大学），但仅靠画家这个职业无法维持一家人的生计。为此，他的父亲通过为五月人形①制作眼球勉强维持着生计。他的父亲是一个赌徒，同时也是一个傲慢的人。在鸟羽9岁时，母亲去世，留下他和一个年幼的弟弟，这让他的生活贫困交加。

鸟羽博道（图片来源：读卖新闻/Aflo）

人际关系紧张与个体成长环境和遗传因素有关。那些在成长过程中受到父母严格要求，或被粗暴对待、长期受压制的人，更容易出现人际关系紧张的问题。鸟羽没有了母亲，被迫生活在一个令自己倍感不适的环境中，而且还要看单身父亲的脸色，这可能是导致他人际关系紧张的主要因素。

高中时，鸟羽被派去卖父亲制作的人形眼球，帮忙维持家庭生计。对于害羞并患有赤面恐惧症的鸟羽来说，去向陌生人推销商品是一件非常痛苦的事情。然而，父亲并不关心这些，反而在某一天因为对不上账而对他发火。鸟

① 五月人形指的是日本端午节装饰用的人形。

羽无法忍受这种不合理的待遇并为此而反抗时，他的父亲
却拿出了自己的剑说："小心我砍死你！"鸟羽跑到一个
亲戚家，后来又辍学去了东京。就在对父亲忍耐到极限
时，无理取闹反而成了他的救命稻草。

鸟羽曾做过住家工人，在西餐厅当过学徒，在法国餐
厅当过调酒师，之后又开始在一家咖啡店工作。大约在那
时，他开始对咖啡产生兴趣。咖啡店老板搬到巴西后，他
在一家咖啡制造批发公司找了一份新工作。

鸟羽被分配到了咖啡销售部。然而，由于患有对人恐
惧症和赤面恐惧症，他不喜欢走进商店里与初次见面的客
户交谈并让他们购买产品。他说，他曾多次想过要辞职。
经过深思熟虑，他决定做一些对客户有益的事情，而不是
只去熟练掌握那些用于推销的销售话术与技巧。

"他会为客户着想，而不只是通过语言去说服别人购
买自己的产品。例如，如果哪家店忙不过来，他可以无条
件地给予协助；如果柜台陈列不佳，他可以去百货公司的
杂货卖场实地考察，为客户提供建议，协助其进行改良。
另外，某餐厅上门提供餐食时，他也会帮助清理脏碗和剩
饭。他还会在适当的时候自己制作咖啡，供客户品尝。这
样一来，他的所作所为都被人们看在了眼里。"（引自大塚

英树《成功案例：领袖人物的挫折和挑战》）

　　经过不懈的努力，鸟羽荣登销售排行榜的榜首，被委托经营一家咖啡店。他努力创造了一个能给顾客带来舒适和活力的店铺。通过他的精心经营，这家店可谓生意兴隆。

　　之后，搬到巴西的前雇主邀请他前往巴西。他便辞去了稳定的工作，独自去了巴西。巴西之行让他学会了如何掌握当地人的情况。回到日本后，鸟羽创办了罗多伦咖啡品牌，并一直发展到今天。

　　通过鸟羽博道的生活方式，我们可以清楚地认识到，在回避产生症状、治疗症状、症状造成回避的恶性循环中，最重要的究竟是什么。

　　鸟羽博道不得不离开自己的父亲独自生存，这意味着他没有时间担心自己的对人恐惧症和赤面恐惧症，他只能集中全力去应对自己所面临的处境。正如森田正马所发现的那样，心理障碍者应关注自己必须做和正在做的事情，而不是试图治疗症状。这是克服并摆脱恶性循环的最终秘诀。

　　对于回避型的人而言，最重要的不是站在原地等待，而是主动出击，自我成长。与其担心自己是否会陷入焦虑、是否会脸红不敢说话、是否会因为他人怪异的眼光而恐惧，不如积极行动，按照自己的节奏运筹帷幄，掌控自己的人生。只要善于积累成功经验，就能为自己创造克服回避的良机，毕竟，攻击就是最好的防御。

◎ 减少对信息通信的依赖

落入回避陷阱的人普遍存在一个问题，那便是对信息通信的依赖。我把它们统称为媒介依赖。

过去，人们试图回避现实生活并将自己沉浸于内在世界中时，往往会诉诸阅读和冥想等方法。冥想可将来自外界的信息量减少到最低限度，但就我们接触的信息量而言，阅读所带来的信息量远远低于视频或音频的。这主要是由于阅读会让人开展积极的脑力劳动，如想象。只要避免滥读或长时间沉溺，就一定能适度减少进入脑中的信息量，让人能够更好地整理思路、主动思考。

此外，写作所接触到的信息比阅读还要少。无论写得多快，一个人的写作速度都是有限的。如果在一小时内写满 10 页稿纸，信息量也不到 50 千字节。我们的信息处理能力上限为每小时 450 千字节，所以还有 400 千字节的空间。这些空间可以用于形成各种思想和感觉。

说话也是一样。与人交谈并共享时间，对于突破回避也很重要。与有共同兴趣和关注点的人交往，可以成为一个人的活力源泉。

但媒介依赖可以说是一个大大的陷阱。

如今，通过网络很容易遇到志同道合和拥有共同兴趣的人。与志同道合的人聊天或玩游戏的情况非常普遍。由于只是通过通信线路间接联系，人们可以迅速与对方断绝关系。这种形式减少了人们与他人建立联系的焦虑，降低了人际交往的门槛。

但是对陷入回避陷阱的人来说，网络世界很难充当通往现实的桥梁。相反，一旦在网络世界感到舒适，能够从中脱身的可能性就极小。

现实人际关系和网络人际关系看起来一样，但两者有着根本的不同。在通过网络建立的人际关系中，由于看不见对方的表情，大脑前额叶皮质等社会脑①几乎没有活动。当我们看到别人的某种行动时，自己的大脑中掌控相关行动的领域也会受到刺激，从而与他人产生同感和共鸣。然

---

① 社会脑，大脑中负责调控社会行为的特定区域。社会行为包括进行察言观色、推测他人心意等。

而，在看不到对方的状况下，镜像神经元无法接受刺激，大脑无法发挥共鸣作用，只能以处理数字或物品的方式处理人际关系。

如果互联网只被用作辅助工具，就没有什么问题，但如果将其作为建立人际关系的途径，就会让我们的大脑缺乏社会刺激，从而使社会脑极度"缺乏锻炼"，最终导致其功能低下。此外，依恋系统与共情系统也不太可能被激活。长时间陷入对媒介的依赖只会进一步强化回避行为。

为防止这种弊端，我们必须把自己放在能让社会脑发挥作用的环境当中。与人交谈时，要通过眼神和表情揣测对方的想法。只要增加这种非语言型交流和肢体接触，就能激活社会脑与依恋系统。

要做到这一点，首先要减少使用电脑或手机的时间，控制查看、回复信息的次数。同时，还要把减少查看、回复信息的事实告知自己的朋友，摆脱信息奴役。

我们可以花更多的时间锻炼身体、阅读、写作、和现实世界的人交流，而不是无所事事地盯着电脑屏幕和摆弄手机。通过这种方式，生活节奏将有望得到调整，信息超载的状况也可以得到改善。如果感觉自己稍微有点无聊，那就证明你已经从回避的陷阱中迈出了第一步。

◎ 结识拥有共同爱好的人

回避型的人不擅长与人聊些无关紧要的小事或与自己有关的事，更不喜欢为社交而社交。不过，尽管对仅停留于表面的人际往来不感兴趣，但只要交到拥有共同兴趣、志同道合的伙伴，他们也能融入其中，享受人际关系带来的乐趣。

对回避型的人来说，能否拥有充实的人生，关键在于是否有机会结识志趣相投之人。

F先生是一位三十多岁的男性，拥有专业职称，但由于对工作中的人际关系羁绊感到恐惧，一直无法投身工作。让他特别烦恼的是女同事的指责和诽谤，这使他失去了所有的工作信心，仅仅是踏入工作场所就会感到身体不适，同时这也导致他对生活和未来产生了悲观与失望的情绪，从而选择了蛰居的生活方式。

F先生很聪明，知识渊博，但他不善于与人打交道，接电话和与客户接触时屡屡触礁。特别是在对方批评他时，他不知如何回应，脑子里一片空白。F先生的回避似乎来源于先天的自闭症谱系遗传，并因现实生活中一系列失败的人际交往经历和其他负面经历而加剧。

　　他的爱好是下国际象棋。我建议他走出去，结识一些志同道合的人。之后，他发现在附近的社区中心有一个每周一次的国际象棋聚会，便参与其中。聚会中的成员大都非常年长，年轻的他受到了极大的欢迎。F先生和女性或同龄人在一起时很紧张，但和老年人在一起时感觉非常舒服。几年来，除了母亲，F先生几乎不和任何人说话，但开始参加每周的国际象棋聚会后，他已经逐渐能够和成员进行闲聊并开玩笑了。

　　最终，他对人际关系的不自信逐渐消失了，并且想要再次回归职场。他的目标是同龄人和女性比例较小的工作场所。经过自己的努力，他成功地通过了面试。重新开始工作后，他前所未有地融入了工作。

　　在国际象棋俱乐部里，被他人接受的经历不仅是一种社会技能的训练，对治愈F先生受伤的自尊心和恢复其自我肯定感也起到了非常重要的作用。

　　如果正为回避型所苦，首先要考虑是否有什么聚会自己能够参与，这是修复内心依恋关系的一个重要途径。

◎ 与他人的关系是人生的意义所在

在本章的最后，请允许我讲述自己的一段成长经历。

我自己在学生时期也曾陷入回避的陷阱。我成功地考取了东京大学，但读大一期间，我没有听课，日夜颠倒地生活，成为一个蛰居族。

我记得，学校的课程并非完全无趣。只要听了，就一定会有收获。然而，我逐渐不再上课的事实表明，上课给我带来的痛苦比我从中获得的回报更大。

让我感到痛苦的原因可能是不得不面对那么多人，或者是不得不在一个半小时内一直坐在那里被动地听老师说话。此外，由于已经休息了很长时间，我觉得见到同学会很尴尬，也担心自己已被同学孤立，加上自己已经跟不上课程内容，所以觉得再去也没有什么意义。我还担心，在外语课上被点名时不能很好地回答问题。人际交往中的焦虑、紧张、疲劳、对失败的恐惧和被孤立的感觉似乎一直是我深感痛苦的本质。

然而，如果不上体育课，我就不能升入高年级。因此，即使有千般不愿，我仍然会上体育课。有一次我竟然带着宿醉打垒球，那种感觉非常难受。每周一次的体育课，就是我与同学见面的时候。此外，我之所以在不上其他课的情况下参加体育课，可能是由于留级的限制设置，也可能是由于体育课不会让我像上其他课时那样感到不自由。我认为，相比面对面交流，静静地坐着听别人说话更痛苦。

这种情况持续了半年到一年的样子。担心我的朋友们有时会来我的房间看一看我，并在考试前借给我笔记，但这并未让我萌生去上课的想法。我会和朋友一起出去喝酒，但仍然不愿意去上课。当时，我的生活模式似乎已经固定了下来。

但我的目标是绝不留级。哪怕只能拿到很低的分数，我也会认真对待考试。

然而，一个小意外导致我未能如愿。我在法语考试当天没能按时起床。为通过考试，我曾认真备考，并且有足够的信心，只要参加考试，就一定能通过，但我却睡过了头。我不由自主地按停了闹钟，继续睡觉。这是我后天懒惰的代价，还是我的潜意识不想让自己升级？这至今仍然不得而知。法语是一门必修课，不及格会直接导致留级。因此，那次意外在当时对我来说是一个巨大的打击。

让我感到震惊的不仅仅是留级的事实，还有导致自己留级的原因。如果我参加了考试，因为分数不够而留级，那也是没有办法的事。因为错过考试而留级，我完全不能接受。

我无法掌控自己的生活，这种感觉令我非常不快。就像是一台机器的核心部件发生了故障，我陷入了不确定和不可靠的感觉当中，认为自己已经偏离了轨道，开始向一个意想不到的方向失速。这也是我真正迷失的开始。

特别糟糕的是，除法语外，我已经修完了所有学分。基于东京大学奇怪的制度，我会直接升级。大二第一学期结束后，我要接受降级到大一第二学期的处理，从那一年的秋天开始重新学习法语。这意味着，我有半年的时间无事可做，我也不再需要上体育课。

我决定利用这段时间做些有意义的事情，让自己的思想回归正轨，所以我曾尝试看书、写小说。但我认为，相对于获得自由时间，与外界失去联系的负面后果更为严重。这导致我日夜颠倒、逃避现实、昏昏欲睡、沉浸在幻想之中。

半年的时间一晃而过，秋日来临。这次我必须去上课，拿到法语学分。但由于被降级，我不得不和比自己低一级的学生一起上课。这种感觉并不是很好。此外，在比我低一级的学生中，有一位我曾在心理学研究会俱乐部见过的女生。她时常去法国旅行，法语说得非常流利。我曾想，万一我们在同一个班级，我又该怎么做？那是年轻人所独有的自尊心在作祟。说实话，这也是我想避免的一种情况，我不想在学妹面前如此悲惨地暴露自己的无能。

有一天，我感觉自己已然为此事陷入困境且无法自拔，因此，向一个经常听我抱怨的同学进行了倾诉。那人笑了笑，安慰我说："你完全不必为此而担心。事实上，像你这样的人一抓一大把，周围的人并不像你想的那样在乎你。"

他说得很轻松，我没有真正被他打动，但他接下来的话改变了我的命运。

"有一位作家叫……我听说他也留过级。他很久才会去上一次课，可即便如此，坐在他旁边的一位学妹后来却成了他的妻子。冈田，或许你也会遇到这样一个人。"

听到这句话之后，我愣在了那里。我觉得自己被击中了要害，或者说是得到了启示。我意识到自己对那位女生有好感，心里总感觉像有什么事要发生一样。

我站在了命运的十字路口。一边是避免受到伤害，继续孤僻地生活在一个小世界里，只和那些接受自己的人产生交集；另一边是勇敢地冒险，进入未知且充满可能性的世界，不担心失败或受到伤害。那位学妹就是我所面临的一种新的可能。

但这可能只是一个可笑的幻想。即使去上课，那位女生也可能在另一个班级，我见不到她的身影，还会因此而受到打击。另外，如果她与我在同一个班级，我也可能会在自己喜欢的女生面前脸红。不管怎么说，如果不去上课，我也就不必受这个苦，要是在以前，这两种情况我都会选择回避。原来的我会选择自学，只要通过考试就好。

这一次，我首次感觉自己别无选择，所以我决定不再逃避，迎难而上。从某种意义上来说，是我对她的感情起到了推动作用。同时，害怕丢脸的心理也让我感到更加羞愧。但是，我做好了准备。

从秋天开始，我去上法语课。我发现她和我在同一个班。从那时起，我上了每一堂课，即使有些地方不明白，我也积极举手，努力阅读和翻译文本。我不希望人们认为我胆怯、渺小。当然，我也为此而做了很多准备。

老师知道我会在课前做好万全的准备，因此，课堂上没有其他人主动举手时，一定会指定我来翻译。漫长的人生经历中，我也只有那段时间会为自己做足准备。半年过去后，我对自己的能力恢复了一些信心，并且知道了让自己感到焦虑、恐惧的只是逃避所造成的幻觉。

再次升入大二时，我邀请那位女生参加了一个读书会。我们开始一起阅读哲学书籍。就在那时，我们读了叔本华的《作为意志和表象的世界》。令我惊讶的是，她也对这本书感兴趣。我们一拍即合，当时，我仿佛看到了自己光明的未来。

但事实证明，我对于爱情的美好愿望并没有实现。半年后，随着读书会的结束，我们之间那种奇怪的约会也宣告结束。我继续学习哲学，那位女生则以优异的成绩选择了国际关系专业。又过了一年，我从哲学系退学，追求医学事业，我们的生活再也没有交集。

但那位女生把我从回避的陷阱中解救出来，恢复了我对自己的信心。可以说，她是我的恩人。通过自己的真实经历，我发现，人际关系有时真的会让我们受益一生。

| 第七章 |

恢复我们的依恋

◎ 是什么让人痊愈和恢复

有一系列的心理学技术和疗法可以促进依恋关系的修复，其中包括心理咨询、认知行为疗法和人际关系疗法等。同样的技术可能让人的状况好转，也可能没有什么效果，当然也可能会使状况发生恶化，这取决于治疗者与被治疗者的具体情况。人们早就说过，真正有助于改善和恢复的不是治疗技术本身，而是影响治疗的其他因素。

在一项研究（Zuroff & Blatt, 2006）中，重度抑郁症患者被随机分配到四个组别［人际关系疗法组、认知行为疗法组、抗抑郁药物丙米嗪联合临床管理组、安慰剂（模拟药物）联合临床管理组］，并在治疗 16 周后，接受疗效评估。

后来人们发现，决定疗效的不是疗法的选择，而是医患关系的质量。换句话说，准确捕捉患者的感受，在任何时候都以积极的态度看待患者，并与其保持一种舒适的关系，患者的抑郁就会得到改善，患者会保持良好的状态。研究证明，最终的效果不仅与治疗无关，与患者的特点和疾病严重程度也毫无关联。

报告以上结果的研究人员推测，这种改善效果可能源于医患关系为患者带来的积极变化。

从依恋关系的角度出发，这将更容易理解。感同身受、积极回应和舒适的关系是安全基地的特征。换句话说，不管是什么治疗方法，都可以把成功治疗的实质理解为让治疗者成为患者的安全基地，患者在与治疗者的相处中成为安全型，将负面情绪转化为正面情绪。

最后，我想说的是，这一事实表明，所谓的治疗技术和药物并没有什么实际意义，成为患者的安全基地，比其他任何方法的治疗效果都要好。

事实上，一些研究已经证实，抑郁得到成功治疗，患者的症状得到改善时，他们的依恋模式就会转变为安全型。这种方法不仅适用于治疗抑郁症，也几乎适用于所有其他的精神类疾病，如人格障碍、摄食障碍和焦虑症等。

◎ 安全基地创造的魔法

成为安全型的人意味着，掌握改善生活和解决社会适应不良等问题的关键。换句话说，与其试图补救问题本身，不如先成为安全型的人。

许多人只是专注于问题本身，试图针对问题去采取行动，以至于自己的依恋关系变得越来越糟糕，问题进一步复杂化。

不要过度纠结于问题，要努力改善依恋关系。这种情况下，关键的一点是要确保安全基地的建立。建立起安全基地后，依恋关系就会稳定下来。之后，即使不做特别处理，曾经的症状和问题也会减少。即使周围的人没有发出命令，他们也会开始自行采取行动。这就是安全基地的魅力所在。

与其采取具体的行动，不如成为对方的安全基地。这本身就对治疗和给予支持有很大帮助，只是许多人误解了这一点。人们很容易认为，治疗和给予支持是为了有效地改善现状，但如果因为试图改善现状而导致依恋关系本身发生恶化，就会发生反向作用。如果失去了应有的功能，安全基地将没有任何意义。

针对他们目前的需要，与之保持稳定的关系，不仅可以使其成为安全型，还可以帮助他们克服困难，激发他们的潜能。

　　大部分情况下，安全基地还要指出他们的问题并要求他们改进。安全基地绝不是无止境的、单方面地为其提供方便的逃避场所。支持要以独立为前提，特别是要对方做出一定的努力并克制自己的回避。

　　如果支持者要负担的痛苦太沉重，也无法一直给予支持。这最终会导致安全基地的丧失，使回避型的人的情况变得更糟。为防止这种情况发生，就需要预防信任危机。

　　尽管如此，为维护安全基地，也不宜过于僵硬地执行规则，否则，只会彻底违背建立安全基地的初衷——被伤得越深、越不安全的依恋，就越需要接纳。如果为每件小事而烦恼，就无法成为一个称职的安全基地。安全基地需要容忍回避型的人坏的一面，关注其好的一面，并拥有一颗强大的心，贴近他们的感受。

◎ 对回避型的人而言，什么是好的安全基地

　　所谓安全基地，就是能令人恢复安全感的存在。说得更简单一点，就是无论何时都会对投靠者说没关系或没问

题，无条件接纳对方。

这就是共情回应。在对方有需求时，对其进行共情并给予回应。人的需求若遭到忽视或拒绝，安全感就会受到创伤。另外，一厢情愿地强迫对方接受不需要的东西或过度干涉对方，也会损害其安全感与主体性。因此，尊重投靠者的意愿非常重要。

即使在亲子和伴侣之间，如果一方试图把自己的意愿强加于另一方，安全基地也将不复存在。即使是自己的孩子或配偶，我们也必须尊重他们的独立人格，并注意不去侵犯其自主权。无保留的关系不等于安全基地。

作为安全基地，其实需要小心翼翼的态度。有依恋创伤的人，他们的内心就像伤口正在溃烂和肿胀一样，所以安全基地如果不加节制地触碰其伤口并非恰当之举。

与回避型的人相处时，有一点很重要。我们以友好、轻松的方式说出的玩笑话，可能会给对方造成极大的伤害，甚至让他们觉得自己受到了侮辱。善意的建议也可能被认为是说教，并导致他们生出反叛心和敌意。

如果自己的安全受到威胁，没有人能够做到敞开心扉。此时试图打开他们的心扉只是徒劳。只有自己的安全得到保障时，人们才能向他人敞开心扉。这也是康复的开始。只有在康复取得一定进展后，他们才会明白，不仅是自己，对方和周围的人也都需要安慰和支持。而在这之前，他们只看到了自己的痛苦，并将挫折感的来源指向他人的错误。

只有自己获得足够的共情回应、拥有充分的安全感之后，回避型的人才有余力给予他人共情。只有在自己感觉没有问题时，他们才懂得对他人付出关怀与体谅。

这对与回避型的人建立长久的稳定关系尤为重要。回避型的人缺乏对他人的共情和体恤。因此，周围的人很可能会抱怨回避型的人缺少共情与考虑。对试图提供支持的人来说，不大回应的态度也是一种压力。特别是对焦虑型的人来说，由于其希望得到他人认可的愿望较为强烈，回避型的人的反应很可能被其视为冷漠，进而引起他们对回避型的人产生不满。如果试图忍耐，那么他们容易产生愤怒，指责回避型的人自私。堤坝一旦开始损毁，很快就会不堪一击。

然而，从回避型的人的角度来看，这种指责一点都不切合实际。对于回避型的人来说，同情和怜悯并不重要。他们认为，明明正在以自己的方式做出努力，竟然还会因为一些无关紧要的事情而被大加指责。即使口头上说会注意，他们也很难改变自己的行为。因为他们的内心深处并没有意识到这有多重要，所以不会给予他人共情和关爱。因此，他们仍然会表现出在别人眼里显得冷漠和缺乏共情的特点。

如此一来，处于某种敏感状态中的焦虑型伴侣或亲属，会立即反应过度，以生闷气的态度或激烈的言语攻击来回应。回避型和焦虑型的人之间不幸的关系（较为典型的是夫妻关系，当然这在其他关系中也很常见）便由此产生。

焦虑型的人越是申讨和指责回避型伴侣，试图寻求兴趣或感情的证明，对方就越会感到自己的安全感受到威胁，将自己封闭起来，并试图通过疏远伴侣来保护自己。长此以往，双方将朝着亲密关系的相反方向越走越远。对于回避型的人来说，不再是安全基地的焦虑型伴侣会成为痛苦的来源。而最糟糕的是，这可能也是双方关系结束的征兆。

◎ 不要把沉默当作无视

为帮助回避的人脱离不幸的恶性循环，并与其建立良好的关系，我们首先必须牢记回避型的人的特点。回避型的人不能好好地表达自己的观点和情感，很容易错失沟通的机会，甚至无法得到他人的认可和支持，但他们不会放纵自己。因此，在遇到困难时，他们可能会避免参与其中，甚至封闭自己。但是，他们并不是出于怨恨而沉默不语或态度生硬，而只是在为自己的行为负责。

如果指责他们又不说话了或怎么什么都不说，他们就会变得没有安全感。这种情况下，可以告诉对方什么都不必说，或者试着了解对方的感受，并询问"你是不是在想……"看一看对方的反应，但不要关心他们是否会回答。如果对方表示否认，那么就可以顺势问道："你是怎么想的？"切记，不要质疑他们。确保对方有不回答的自由比让对方说话更重要。

处理的基本原则是要努力共情并做出积极的回应，切记不要威胁到对方的领域。为此，最重要的事是避免指责对方，要适应对方的节奏，迎合对方的兴趣。这个过程中，他们会逐渐敞开自己的心扉。因此，能做的就是接受对方的沉默，耐心等待。待他们真正感到安全后，他们将可以谈论任何事情。当下，不说话只是意味着他们还没有准备好。

通过这种方式努力成为他们的安全基地，彼此之间形成良好和稳定的关系，回避型的人就会逐渐充满活力。这不仅能改善人际关系，使其更容易在工作和学习中取得成绩，还有助于培养他们的共情力，让他们对支持自己的人产生感激之情。

◎ 即使离开，也将长留于心

日本书法家武田双云曾谈起自己的童年。

武田双云曾是一个不寻常的孩子。他有时会专注于其他孩子不感兴趣的事情，还会打断授课，向老师询问困扰自己的事情。他在中学时被同龄人排挤，度过了一段非常艰难的时光。

他说，当时的自己也许就是今天人们口中所说的没眼力见儿，但他总被父母夸是天才。正是因为父母不断肯定的话语一直守护着他，武田双云才能在众目睽睽之下开始街头书法表演并忍受冷眼。那应该就是父母作为安全基地发挥了作用。

武田双云（图片来源：共同通信社）

安全基地除了给予投靠者直接的支持，还给予投靠者爱的力量，持续守护他们。

《霍比特人》《指环王》等超越儿童文学框架的宏大神话故事的作者，英国儿童文学作家约翰·罗纳德·瑞尔·托尔金很早就失去了父母，成为孤儿的他后来成为牛津大学语言学教授。

失去双亲、成为孤儿的托尔金，深受寂寞、贫困境遇的影响。尽管如此，无论是在现实生活，还是在创造性活动方面，托尔金都硕果累累。他身上丝毫没有因无依无靠的身世所带来的消极和怯懦，反而可以悠闲地度过生活中的每一天。使这成为可能的是，母亲生前给予他的关爱。

托尔金的父亲，作为银行职员，曾被委派到南非做一家银行的经理，可惜在托尔金3岁时因病去世。母亲梅布尔不得不带着托尔金和小托尔金1岁的小儿子，靠微薄的收入生活下去。使事态更加严峻的是，母亲不顾周围人的反对，改信了亡夫生前所信仰的天主教。英国的主流教派是英国国教会，周围人也都是英国国教会的教徒。但是，他的母亲是个信念坚定的人，选择坚持自己的信仰。受此影响，外界中止了对他们的援助。

母亲梅布尔尽管经济拮据、处境艰难，但她爱着自己的儿子们，一直精心抚养。对于孩子的教育，她也做了自己力所能及的事。

注意到托尔金的语言才能后，母亲曾为最大限度挖掘其潜能而竭尽全力。学校的课程内容不够充分时，母亲会自己教孩子学习拉丁语和法语。为提高儿子的语言能力，

约翰·罗纳德·瑞尔·托尔金
（图片来源：AP/Aflo）

母亲亲自选择了一所学校并为此而搬家。

母亲在托尔金 12 岁时因病去世，神父成为他的监护人。从某种意义上说，这也是母亲对自己孩子的爱的延续。小时候在安全基地的保护下长大的人，会拥有持续一生的安全感。身为他安全感源泉的母亲即使去世了，也会作为安全基地在他心中继续存在下去。

◎ 安全感和共同兴趣打开通往心灵的大门

回避型的人和他人的接触很少，可以说非常有限。但是，也不是完全没有接触。对回避型的人而言，兴趣是他们与外界产生联系的窗口。因此，在与回避型的人交往中拥有共同的兴趣显得尤为重要。关心他们感兴趣的事情，是他们与人亲近的起点。对支持者来说，即使与回避型的人的兴趣不同，也要对其兴趣表示尊重，一边倾听一边给予共情，增强彼此之间的信任。

　　孩提时代，无论是学校还是朋友圈，宫本亚门导演都没能很好地融入其中，还曾有过拒绝上学的经历。还没上小学时他便开始学习日本舞蹈，从小学五年级起，他便开始对佛像感兴趣。但是，对于他独特的爱好，没有同龄的朋友能够理解。

　　作为蛰居族生活了大约一年之后，母亲建议亚门去看心理医生。亚门的主治医生以友好的方式，与怀着焦虑的心情坐在检查椅上的他交谈，询问他的日常生活和兴趣。亚门曾一直处于防卫状态，以为会被问到令自己不舒服的问题。事实上，他完全多虑了，心理医生在咨询过程中竟然与他聊起了日本舞蹈和佛像。这时，医生身体向前一倾并说"你的故事很有趣"，并坦言他自己也非常喜欢佛像。

　　渐渐地，他开始与心理医生谈论自己的童年、父母和一直以来内心所承受的痛苦。最终，他重新获得了自我肯定感和安全感。亚门不再蛰居，重新回到了校园。

◎ 不侵犯回避型的人的主体性，帮其找回责任感

　　行尸走肉般的状态是主体性惨遭剥夺的结果，这意味

着放弃自我责任。可以说，这是大多数回避型的人的通病。这时，若能找回主体性、恢复责任感，回避型的人就能大幅改善自我放弃状态。

如果想帮助回避型的人找回主体性与责任感，最有效的方法就是成为他们的安全基地。安全基地开始发挥作用后，他们就会渐渐产生沟通的意愿。即使最初他们对人会颇有戒心，慢慢地，他们也能说出真心话。一旦如此，他们身上就会产生蜕变的力量。

不侵犯对方的主体性，将一切交由对方自主决定，可以帮助他们找回责任感。只有不过度干涉或阻碍对方做决定、肯定对方坦然展现的模样，他们才能找回原本拥有的活力与光彩。

不过，摆脱回避并非一蹴而就。如果已经陷入蛰居等较为严重的状况，恢复的过程会相对较长，并非一朝一夕就能实现。

即使有心摆脱回避，回避型的人的内心还是会有强烈的回避欲望。"事到如今，已经来不及了""反正也不会成功""与其面对失败，还不如一开始就不要尝试"等都是他们时常挂在嘴边的借口。这就是上一章中提到的回避的思维方式。只有通过因安全基地守护而产生的安全感，才能打消这些想法，进而回避型的人才能更好地应对挑战，勇敢面对问题。

◎ 直接触发因素和潜在问题

长期回避往往不只是因为有过受伤的经历，也是为了避免类似的情况再度发生。对于大多数难以恢复的案例而言，个体本身具有回避型特质，而这种特质又会强化回避行为，使其更难走出回避的陷阱。

在这种情况下，仅仅避免回避行为不会使情况得到改善。与此同时，依恋问题也需要得到重视，通过建立良好的人际关系，成为安全型。

K 在长期蛰居后来到了我的诊所。

无论是在能力还是体力方面，K 都完全能够步入社会。然而，他对自己走向社会的能力失去了信心，与父母的关系也非常紧张。

K 曾有一段时间是领导，有过一些被伤害的经历，后面开始逃避现实，慢慢变得特别孤僻。

事实上，就在 K 有条不紊地谈论自己的过去时，他描述了导致自身人际关系发生负面变化的若干经历。其一，尽管他认为自己作为一个领导已经尽了最大努力，但还是被周围的人孤立了。K 感到很丢脸，仿佛自己成了"赤裸的国王"，最终没能掌控住局面，于是放弃了领导岗位。

其二，在学校时，因为一句微不足道的话语和一个朋友闹翻了，这让他很难继续留在班级里。他惊讶地发现，在朋友的心中也存在对自己的排斥。这让他觉得自己孤立无援。

这两次事件让 K 对他人的信任产生动摇，并深深影响了他后来的行为。有了这样的经历，与积极寻求人际关系相比，他更希望与人保持距离。

然而，通过深入分析可以发现，这两次事件都是因情感因素而产生的矛盾激化。换句话说，在这些事件导致他不愿意与他人建立联系之前，K 的内心世界已然存在情感冲突[①]。

◎ 出现的依恋问题

继续追溯 K 的生活轨迹，了解他平时如何与人相处后，我发现了他自身存在的一个问题。

————————

① 情感冲突是指情感主体在其情感需求的实现过程中，由于受到种种条件的制约，其情感得不到有效的流露而产生的恐慌和不愉悦的心理状态。

　　K在群体中能与其他人和睦相处，但与某人单独相处时，会感到非常拘束。这种感觉从他小学高年级开始就有。从那时起，他开始对父母和老师产生反感。尤其是自己的母亲，可以说他们一见面就会吵架。

　　探讨与某人独处让他感到很拘束的原因时，K说，和父亲在一起时，他也有同样的感觉。他的父亲在家里是个安静的人，很少说话。与之交谈时，父亲也不作任何回答。他感觉自己被无视了，便不再和父亲说话。然而，他并没有完全摆脱与父亲交流的渴望。他真的希望父亲能说点什么。但是，内心对回应的渴望和对没有任何回应的沮丧似乎加剧了他的拘束感。

　　他与朋友，以及其他成年人的关系也是如此。单独与他人在一起时，他会在寻求进一步建立亲密关系的愿望和觉得对方不会接受或理解自己而想要放弃的念想之间不断徘徊，最终陷入拘束和负面的情绪旋涡。

　　另外，虽然能够与母亲轻松交谈，但母亲其实无法理解K的感受。身为教师的母亲总试图以某种方式对他进行教育和指导，且当发现K做错或做不到某件事情时，母亲就会试图纠正。即使是他想要倾诉的事情，母亲也要进行额外的评价和指导。

小学低年级阶段，他还能听从母亲的教导。然而，从进入青春期起，他开始叛逆，会顶嘴说"我从来没有听说过……""我没有让你教我"。K一再顶嘴和叛逆，逐渐导致他和母亲不断争吵，而且争论每天都在发生，一开口就是一场战斗。

在这种情况下，母亲不可能作为安全基地发挥作用。母亲是他唯一可以倾诉的人，但他的母亲却反其道而行之，无法像K内心所追求的那样，只是聆听他的倾诉，理解他的感受。

K和母亲都不能理解为什么他们要花这么多时间去吵架。但他的母亲也许只是在说自己认为正确的事情，而K却别无选择，只能在被逼迫做自己不想做的事情时做出那样的反应。他会自动重复同样的反应，并持续了十多年，没有任何改变。

除非自己意识到并试图纠正，否则这种自动开启的行为模式会一直持续下去。结果，在K宝贵的成长岁月中，"别人什么都不懂，他们只会责备我"的思想在他脑海里根深蒂固。

结果，K对每个人都变得比以前更有攻击性。这是在回避型的人身上经常看到的防卫反应之一，换句话说，就是对为寻求亲密关系而接近自己的人采取不尊重或怀疑的态度。他们从未展示过自己的真实情感，从未真正敞开心扉，从未信任过任何人。他们会根据情况迅速转身离开，认为周围的人有麻烦也无所谓，并采取冷漠的态度。

回避型的人缺乏人与人之间产生联系所需要的共情回应和自我表露，因此，他们的态度只会驱使所有人离开。同为情感联结的依恋和信任，却只能通过共情和自我表露培养。

通过讨论，我逐渐明确了 K 为什么会成为回避型的人，以及这种依恋模式对 K 产生了怎样的影响。简单来说，他目前的蛰居生活只不过是过往人生经历的产物。

◎ 意识到是什么束缚了自己

反思和重新体验的过程能使回避型的人回忆起导致自己回避的创伤性经历，也可以让他们意识到自己与父母之间的不安全依恋才是根本问题。

然而，这种方法往往会让人感到痛苦，而且可能导致失眠和抑郁。因为这需要他们面对自己一直在回避的问题，所以他们会感到痛苦、失眠以及抑郁也都是正常现象。

解决根本问题有助于活化思想和提高能量。僵局会因释放压抑的情感而被打破。这样一个过程对于改变自己至关重要。

只要意识到是什么东西一直在束缚着自己，他们就会逐渐发生变化。开始时，任何人都不确定变化的方向，往往只是对现状感到沮丧，纠结于曾经发生的事件，试图质疑自己的父母，但发现这些都不起作用后，就容易产生攻击性行为，使情况变得更糟。因此，在这一点上，为了在自己所回避的情况中重新获得主体性，他们需要把自己的能量与实际生活联系起来，否则他们便会因为不知道把能量用在何处而处于一种混乱的状态。

最初的反应对于缓解回避状态非常必要。为摆脱束缚自己的枷锁，他们需要变得更有攻击性，特别是在被父母掌控的情况下，一定要反抗。如果仅仅把自己的能量浪费在与周围人的摩擦上，那就得不偿失了。改变的能量需要与实际的变化联系起来。

这就需要有人在某个时刻，向他们发出现实的行动呼吁。以不威胁安全感为前提，告诉他们"现在就是最好的时机。一切准备就绪。是时候行动了"，鼓励其行动。在某些情况下，我们还要给予其有力的推动，使他们能够勇敢地向前迈步。

　　如果时机合适，轻轻推他们一把就能收获成效。在回顾过去的过程中，他们会开始向改变自己这一现实课题发起挑战。这意味着一直以来束缚他们的枷锁正在松动。

　　在 K 的案例中，我只对他说了一句"是时候采取行动了"，后来他就真的开始找工作，并在半个月后正式上班了。他有时会急于求成，会因疲惫而变得情绪不稳定，但每次出现问题，他都能成功克服，继而平静下来。

◎ 疗愈依恋的创伤

　　包括回避型在内，不安全型的形成，均源于依恋创伤。人们通常很难回忆起依恋创伤的起源，但在某个时间点成为安全型的人后，就有可能回忆起并意识到自己身上的依恋创伤。与没有意识到依恋创伤的情况相比，了解依恋模式形成与变化的过程，将使依恋创伤得到疗愈的可能性增大。

　　某些情况下，依恋创伤的形成分为多个阶段。有些创伤能够被人意识到，有些则不能。有时，只要意识到记忆中的创伤就能帮助人们恢复。

　　那些不曾被关注到的创伤并非无法察觉。即使不了解形成原因，创伤的痕迹也会以许多不同的方式保留下来。

对父母疏远、排斥、厌恶或害怕等自己不可掌控的反应都有可能是创伤的痕迹，对自己不能理解或感到别扭的情况与对事件的记忆同样如此。这种生理反应和记忆碎片往往是未被压抑的依恋创伤的痕迹。

此外，根据从父母和周围人那里了解到的情况，推断和重现自己没有记忆时的人际关系和生活模式，并不是太难。从某种程度上来说，作为一个成年人，只要自己愿意，几乎可以确切地了解发生在自己身上的所有事情。然而，如果创伤太深，人们往往没有勇气去面对，而是花时间把自己的过去封存起来。

在人生中碰壁或遇到困境时，除自己目前所面临的问题外，人们往往还会因为长期以来一直忽视的问题而感到痛苦。如果一个人的经历动摇了自己的存在，他就不得不重新评估自己，从基础开始进行重建。

这是一种压力，但也是一种机会。就像大地震导致房屋受损是解决一直以来都被忽视的住宅缺陷并对其进行加固或重建的机会一样，生活中的绊脚石也是面对并修复依恋创伤的机会。

在寻求修复的过程中，有时也会出现问题。这种情况下，除非依恋创伤得到适当处理，否则情况将不会改善，问题也会持续存在。

　　通过回避的方式进行非常强烈的防卫时，人们很难有意识地开展行动，因此，通常需要很长的时间来修复。修复过程长达几十年的情况也很常见。这种情况下，修复过程可能并非人们有意为之，创伤的存在只有在被修复时才会变得明显。可以说，霍弗和山头火的"迷航人生"就是无意识的修复过程。

　　根据东京大学医学博士、解剖学教授养老孟司的回忆，他小时候是一个安静的孩子，害怕社交，甚至不会打招呼。

　　他走路晚，说话也晚，但对昆虫收集和自然观察充满热情，要是现在，马上就会被认为是发育障碍或高功能自闭症。然而，这是一种只关注生物特征的片面的观点，了解他的成长背景后，我们就能发现他人生的另一面。

养老孟司（图片来源：共同通信社）

　　这要从他的父亲去世说起。

　　与病魔抗争一年半后，父亲在他4岁时死于肺结核。他清楚地记得与父亲有关的两个场景。一个场景是父亲床头总是放着一个红色拨浪鼓，被问到为什么会放这个拨浪鼓时，他父亲曾回答道："因为自己不能说话，所以用它来叫人。"当时，他非常自责，觉得自己问了不该问的问题，从那时起，他便不愿再向别人提问。

另一个记忆是他父亲放飞文鸟的情景。50岁之后，他得知这一事件实际上发生在父亲去世的那天早上。他的父亲在自己去世前不久放走了文鸟，这一景象与父亲的死亡分离开来，深深地印在他的脑海里，久久无法抹去。

他还说，父亲的离世给自己造成了很大的影响，其原因之一是在父亲垂死之际，自己曾被催促说再见，但当时的他无论如何就是说不出口。直到50岁前后的某一天，在乘坐电车时他才突然意识到，自己不善于与人打招呼，或许就是因为在父亲奄奄一息时，自己未能说出那句"再见"。但童年时，他觉得如果自己说了再见，父亲就会离开，所以他拒绝说再见，希望以此来挽留父亲。想到这一点时，他的眼泪不禁溢出了眼眶。

即使在殡仪馆与父亲的遗体告别时，养老孟司也没有掉下一滴眼泪，电车里这次是他第一次为父亲的死而流泪。他花了近半个世纪的时间才接受了丧父之痛，并治好了多年来一直存在的依恋创伤。

◎ 接受和鼓励之间的平衡

父母的控制欲越强，心理创伤越深，体验痛苦的时间越长，就需要有更多的毅力和勇气来摆脱其影响。

人类本能的需求是，从自己所遭受的伤害中恢复过来。得到安全感的保证，知道可以谈论受伤的经历且真实的自己能够被他人接受、不会遭受他人的责备后，人们就会逐渐开始谈论自己的经历。

谈起自己突然想到的事情时，各种相关的记忆就会一个接一个地涌现。通过这种方式，我们将重新体验并表达自己当时的感受，之后再接受并产生共鸣，从而达到"解毒"的效果，抚平深深扎根于内心的创伤，清除一直以来束缚着自己的"咒语"。

在常规健康体检中进行这项工作既费时又费力。我的诊所会将所内的诊察与附属咨询中心的心理辅导相结合来开展工作。通过 50 分钟至 90 分钟的心理辅导，咨询者将能够完全接受过去的经历。

即使原本忧心忡忡，在接受每周一次的诊察和心理辅导后，人们往往会如释重负，精神倍增。我认为通过采用正念技术，心理辅导的效果会成倍增长，这一点我将在后续内容中做出介绍。

正念疗法是一种帮助咨询者从语言和身体两个方面体会并接受真实自我的心理咨询技术，类似于被母亲抱在怀里的体验。同时，我们还会在诊察中监测咨询者的状态并对其进行指导治疗。我们不仅要接受咨询者的感受，而且还要从整体的角度审视与面对他们的问题，鼓励其改变。

为了摆脱回避，需要治愈创伤，恢复安全感，并有勇气再次面对充满危险和不确定性的现实。这可能需要母性的接受和治愈，同时需要如父亲一般的力量来激发勇气，鼓励决策和行动。

◎ 传统认知疗法及其局限性

认知疗法[①]和认知行为疗法[②]等已经为公众所熟知。除改善抑郁和焦虑外，这些治疗方法也被广泛用于纠正人格

---

① 认知疗法（cognitive therapy）是一类心理治疗方法的总称。它以认知过程影响情感和行为的理论假设为基础，通过认知和行为技术来改变患者的不良认知。

② 认知行为疗法（cognitive behavior therapy）是一种有结构、短程、认知取向的心理治疗方法，由 A.T.Beck 在 20 世纪 60 年代发展而来，主要针对抑郁症、焦虑症等心理疾病和不合理认知导致的心理问题。

偏差、人际关系问题以及成瘾行为。

认知疗法和认知行为疗法都是专注于认知的治疗方法，换句话说，就是着眼于认知事物的方式，改变患者的不良认知，使其掌握利于自身生存且更易适应的认知方式。

假设某人与公司的上司或邻居擦肩而过，且积极主动地打了招呼，但对方却没有给予回应。具有高度依恋焦虑或强烈渴望他人认可的人可能会感到被忽视或不被喜欢，并因此而倍感抑郁。但在同样的情况下，也有一些人可以做到从容不迫，认为对方可能只是在想其他的事情。这便是认知方式差异，在不同认知方式的作用下，每个人认识世界的形式会有所不同。

认知疗法和认知行为疗法可以帮助人们意识到自己对他人情绪过于敏感或容易受伤的倾向，并训练他们以更加乐观更加理性的方式看待问题。

认知疗法和认知行为疗法的理念基于消极的观点，换句话说，采用这两种疗法的治疗者通常认为患者的思维方式存在偏颇，无法正确认知事物，因此，这些方法对部分患者非常有效，但也有一些患者在接受治疗后，不仅没有改善，甚至还出现症状加重的情况。特别是在不安全型、对他人极度不信任和自我否定强烈的情况下，这些方法的作用并不大。对于原本就会自我否定和不信任他人的人来说，无论观点对错，一旦被告知自己的思维方式存在偏颇，就会出现叛逆和抑郁的现象。

越是抑郁焦虑反复发作的患者，越有可能成为不安全型，继而自我否定、不信任他人。接受传统的认知疗法时，他们往往会比较消极，认为自己的思维存在偏颇、自己非常没用、自己存在错误的认知，甚至因为太过痛苦而拒绝接受治疗。

◎ 正念和新的认知疗法

在这方面，以正念为基础的心理辅导对改善依恋关系非常有效。正念是指接受事物的本来面目，不进行价值判断，也可以说是丰富感知。Mindfulness（正念）最初是梵语 sati（感知、开悟）的英译文，开悟指的是内心挣脱执念、获得自由的状态。正念是一种心理学方法，起源于冥想，旨在把人从内心束缚中解脱出来。

有些人可能会认为不科学，但其实，正念与冥想已被科学证明是有效的，甚至已被采用于医学治疗。它们不仅仅作用于认知，也会对身体反应产生影响，起到更深层次的稳定效果。基于正念的干预措施是改善抑郁、焦虑、急躁和易怒的有效方法，因此，已被广泛使用。正念认知疗法和ACT（接纳与承诺疗法）就是最具代表性的基于正念的干预措施。

很多现代人的生活都有一个目标，并朝着自己的目标前进，在不知不觉中把实现目标作为实现自我价值的方式。觉得自己的理想状态与现实相符时，人们会对自己感到满意，实现了自己的目标后，还会有很大的成就感。

事情进展顺利时，这种生活方式的确无懈可击，一旦出现问题，人们就很容易陷入消极情绪中，认为现实与理想状态相差太大、自己非常糟糕、生活没有希望。即使目前的状态能达到60分左右，人们也很容易产生"与90分或100分的状态相比，自己做得并不够好"的想法，并开始责备自己。这样的心理状态可能是导致抑郁、焦虑和易怒的主要因素。

正念与认知疗法不同，感知方式是偏颇还是正确并不重要。所谓的偏颇或正确会使人们认为自己必须为一个理想状态而努力，或者必须处于某种理想状态。而在基于正念的干预措施中，人们不会认为存在偏颇的认知是错误的，也不会建议将其纠正为所谓正确的认知，否则还会产生新的问题。

正念就是观察事物本身，而不是做出价值判断。从某种意义上说，价值判断就意味着思想的囚禁。因此，正念的目标是不做价值判断，以此获得自由。一旦困于某个标准，人们会认为自己必须做什么、必须处于某种理想的状态。这样做会让人产生抑郁和焦虑等症状。摆脱束缚自己的东西，即使不试图治疗，躯体的症状自然也会消失。

正念不像传统方法那样旨在消除或掌控症状。恰恰相反，它是让人接受症状而非与之对抗。奇怪的是，这通常会使人达到真正的全面康复。

越想逃离，症状就越是紧追不放。学会接受症状后，人们便会开始认为症状并不重要，最终，不再去注意它们。

我想前面这些内容能让你对正念的含义有一个大致的了解。与此同时，你可能会想，如何才能接受事物原本的样子呢？

正念的特点在于，仅靠理解概念毫无助益，必须通过身心实践才能体验和掌握其精髓。

正念很难，但一旦学会，我们对事物的感知就会发生

180度的变化。我们不仅能够更舒适地度过每一天，而且还会重新发现过去看起来枯燥无味、平平无奇，或者很容易心碎、痛苦的日子，其实是充满欢乐和趣味的宝藏。即使可能被困在抑郁、焦虑和挫折中，我们也要尽情地生活，重视自己的各种感受，而不是让它们毁掉自己的生活和人生。与其做些什么，不如去体会和感觉真实存在的事实。

作为人，我们太容易活在过去和未来，忘记当下才是最重要的。

但是，如果不能用心去品味当下，无论我们达到多么理想的状态，这些所谓的理想状态最终都会变得无趣，甚至逐渐消失。我们要品味这一刻真正存在的一切。做到这一点，就相当于恢复了生命最为原始的形态。

进行正念练习时，我们首先要关注呼吸和身体感觉。在此基础上，通过接受和品味痛苦的经历和感觉，我们可以获得不受干扰的内心。

在这个意义上，正念是一种非常高级而又原始的体验。它带给人的可以类比为孩子在母亲的子宫内，或者被母亲抱在怀里的安全感。我认为，超出一般心理辅导的秘密在于，正念不仅限于心理。

◎ 关怀、工作和爱护

依恋也是一种生物机制。无论头脑中对于依恋问题的理解有多深刻，都不可能直接促使人们改进。

改变依恋关系，需要激活回避型的功能不良的依恋系统。对于这一点，重要的是要有一个安全基地来接受依恋系统存在问题的人，并且使其能够平静地说出自己的想法。但对于回避型的人来说，他们自身有支持和照顾别人的经验也很重要。依恋可以通过关怀和被关怀来激活，因此，也可以说这是一种互惠的作用机制。

我曾遇到过这样一个案例，患有严重依恋障碍的年轻人，在迷失自我的情况下，通过照顾小动物重获自我。还有一个人原本身陷抑郁，直到捡回一只流浪猫，生活开始发生巨大的改变。与动物的互动具有激活依恋和恢复生活乐趣的力量。与治疗犬互动也是一个不错的选择，我认为，对一个无依无靠的小动物的生命负责并努力照顾它的经历，会激活同为生物的人类的依恋本能机制。

从育儿的角度来看，有人可能会因为责任的重压而选择退缩，选择不生孩子，当丁克族，可一旦当他们把孩子抱在怀里，并开始给予其照顾后，即使是回避型的人，也会对孩子产生一种依恋，甚至会发自内心地愿意为了这个小生命克服任何困难。

这种情况下，给他们仅仅冠以家长的称号还远远不够。除了保持接触，亲自给予照顾也很重要。通过这种方式，父母能够与孩子形成真正的依恋，也能激活自己的依恋系统。除加强与孩子的联系外，自己的焦虑会减少，积极的活力和抗压能力会增强，就连对他人的共情和对社会的贡献也将得到加强。

如果是父亲，与父性行为相关的精氨酸加压素会被激活，这会激发其战斗本能，保护好自己的妻子和孩子。正值育儿时期的父母都会变得更加强大，与原来的自己完全不同。因此，父母都需要触摸和关怀自己的孩子，慢慢地，只是看着孩子的睡脸，就会不知不觉陷入依恋当中。

关怀的意义不光会在照顾动物或孩子的过程中得到体现。试图关怀并保护某人时，依恋系统就会被激活。这种关系可以在工作或学校生活中形成，也可以在志愿服务等课外活动中出现。此外，对残疾人和老年人给予支持也会激活依恋系统。

然而，同样重要的是要牢记这样一个现实，回避型的人基本上不善于关怀他人或与人互动，且更容易感受苦痛。如果负担超过可承受的限度，就会引发他们强烈的回避反应，而不是激活依恋系统。这种情况下，即使只是养一只宠物狗，也会因为无法照顾它而残忍丢弃。这样的悲剧在亲子关系中也不少见。因此，要想成为安全型的人，必须做好充分准备。

◎ 听从命运的召唤

摆脱回避就意味着重新掌控自己的人生。但人生并不那么简单，很多人和事，都不是自己可以掌控和决定的。

发生在自己身上的事情，大多数只是无数因果链和巧合的结果，与自己的意愿无关。无论如何完美地管理自己的人生，我们都会受到各种突发事件和其他人的影响，最终的结果也可能与自己的愿望或预期大相径庭。

但这未必是一件坏事，因为大多数机会由此而生。重要的是，我们是否能抓住机会，积极利用，而不是回避。

玛丽·居里[1]因发现镭等而闻名于世，并两次获得诺贝

---

[1]　玛丽·居里（Marie Curie，1867 年 11 月 7 日—1934 年 7 月 4 日），全名玛丽亚·斯克沃多夫斯卡·居里（Maria Skłodowska Curie），出生于华沙，人称"居里夫人"，是法国著名的波兰裔科学家、物理学家、化学家。

尔奖。众所周知，她曾努力
学习物理学和化学，把一生
都献给了科研。

玛丽出生于波兰华
沙，当时波兰被俄罗斯占
领，女性接受高等教育的情
况非常少见。为接受高等教
育，当地女性必须到巴黎去
学习。但这需要解决一个
巨大的经济负担问题，因

玛丽·居里（图片来源：Science Photo Library/Aflo）

此，前往巴黎学习并不是一件容易的事。她家里还有姐姐
和弟弟，她不得不考虑他们的教育问题，因为三个人的教
育经费是玛丽的父亲所不能承受的经济负担。

最后，玛丽选择做住家老师，给自己的姐姐和弟弟寄
钱回家。她认为自己最终也会如愿，但是把钱寄回家后，
玛丽自己所剩无几。

担任住家老师时，玛丽的天真美丽和聪明才智被雇主
家里的长子、华沙大学的学生佐洛斯基发现，两人最终相
爱。他们甚至彼此承诺要结婚，但玛丽向母亲提出要结婚
时，却遭到了强烈的反对。曾热情洋溢地谈论自己如何深

爱着玛丽的佐洛斯基，也没有保护她，两人的婚事随即泡汤。她被告知要像以前一样担任家庭教师，但在这种情况下继续工作，玛丽觉得如坐针毡。

这样下去，即使是玛丽，也会对人生感到绝望。无论自学了多少数学和物理知识，对她而言都毫无用处。似乎她只能以家庭教师的身份生活下去，才华遭到埋没，永远不会结婚，渐渐老去。

但随后有人向她伸出了援助之手。身在巴黎并且已经嫁给一位医生的姐姐给她来了一封信。信中写道，不要错过机会，到巴黎来吧。然而，矜持的玛丽拒绝了姐姐。事实上，玛丽还没有放弃佐洛斯基，一直与其秘密通信。某日，他们相约出行。但这次见面决定了玛丽的命运。玛丽对佐洛斯基优柔寡断的性格感到恼火，两人最终不欢而散。这之后玛丽回信给姐姐说她想去巴黎。

如果玛丽这时仍然不想给新婚的姐姐和姐夫增加负担，或者继续勉强维持那一段没有结果的爱情，再次拒绝姐姐的提议，她很可能就会永远失去机会。但爱情上的失利，让玛丽做出了新的决定，并真正开启了自己的人生。一方面，她的姐姐嫁给了一位医生，生活变得更加稳定；另一方面，玛丽失去了爱情，决定毅然搬到巴黎。这一系列的机缘巧合造就了她在索邦大学的美好时光、与丈夫的邂逅，以及在辐射物理学这门新学科上的巨大成功。可以说，玛丽的命运转折点取决于与自身意志无关的因素。正是姐姐信中那句不要错过机会，以及爱情生活的悲惨结局，再次唤起了她渴望去巴黎读书的初衷。

理想的机遇出现时，要对其及时做出反应比想象中更难。即使是玛丽·居里也差一点就错过了机会。从这个角度反思一下，看一看命运想让自己做些什么，也不无意义。不要拒绝命运的安排，不要担心自己会失败、不要担心自己做不好，也不要担心自己会引起麻烦等。一生中，上天会多次向我们发出呼唤。这种情况下，我们必须尝试。没有尝试的过程就不会有好的结果。

回避型的人非常容易陷入思维的僵局，他们想改变目前的状况，但又无法改变，此时如果有人拉他们一把，其行动能力要比我们想象的更强。这时，回避型的人需要做的就是尝试紧紧抓住那只援手。只要做到这一点，回避型的人的生活就会变得越来越有趣。

◎ 弥补彼此的弱点

爱利克·埃里克森与琼·谢尔逊的婚姻就是我们现在所说的"奉子成婚"。琼坦言怀孕时，爱利克真的是被吓到了。他根本没想过结婚，更没想过自己有一天真的会变成父亲。

即使是"自我同一性"概念的提出者，那时爱利克也还没有确立自我认同。虽然已经开始从事儿童分析工作，但他并不确定自己是否能以此为终身职业。不仅如此，他还有很多关于自身成长，以及自己与父母的关系问题没有解决，处于一种非常窘迫的状态。实事求是地说，他的确没有时间照顾孩子。

是朋友说服了爱利克。如果不结婚，琼的孩子会被认为是私生子。这将让那个无辜的孩子重复他经历过的悲剧。为什么不把孩子从这种命运中拯救出来，反而要选择逃避？听过这些话后，爱利克终于下定了决心。

与琼结婚给爱利克带来了巨大的幸福感和稳定感。照顾孩子的同时，琼还支持着丈夫这个"最难管的孩子"，阅读他的手稿并提供合理建议。琼的奉献中，可能存在焦虑型女性"强迫性关怀"的一面。琼与自己的母亲也有隔阁，同样属于不安全型。

然而，琼的奉献精神帮助爱利克逐渐找回了自我，使他能够自信地在社会中发挥积极作用。通过这种方式，爱利克的依恋创伤得到了治愈，他能够投入自己的工作，并及时改善与父母的关系。

另外，琼也获得了自己的家庭——一个新的依恋对象。她也通过对家庭的奉献，获得了自己真正的稳定。

◎ 因为有同样的伤痕

无论是回避型的人还是焦虑型的人，这些有依恋障碍的人会因为共同的创伤而走到一起。

埃里克森夫妇就是这样一个例子，儿童文学作家托尔金和他的妻子伊迪丝夫妇也有类似的经历。

托尔金 12 岁时，他的母亲梅布尔由于身体健康问题去世，托尔金兄弟与亲戚关系冷淡，几乎成为孤儿。母亲离世前请天主教会神父摩根接替自己照看孩子，于是托尔金兄弟就这样开始了寄宿生活，那段时间对他们而言极其悲惨和孤独。寄宿处的女房东对他们没有丝毫的共情，烧掉了托尔金兄弟非常珍惜的与母亲有关的信件。摩根神父从托尔金兄弟黯淡的表情中察觉到了不妥，为他们重新找了一个寄宿处，并协助其搬家。

有一个谦虚的女孩住在他们新搬去的寄宿处。这个女孩也是一个孤儿，属于非婚生女，甚至不知道自己父亲的名字。她擅长弹钢琴，但由于对房东太太的忌惮，整天都忙着缝纫。

那个女孩就是伊迪丝，后来成了托尔金的妻子。这时，托尔金 16 岁，伊迪丝 19 岁。两个境遇相像的人在相处中逐渐相互吸引。

学生时代，托尔金表面上很享受与朋友们的关系，但其实他并没有完全向他们敞开心扉。学校里的他可以忘记自己的不幸，但一旦试图私下社交，他就会立即意识到自己的处境与他人不同。

托尔金需要有人接受自己的本来面目。那个人就是伊迪丝。他们都有难言之隐，那是只有依靠别人的怜悯才能生活下去的人才懂的。

托尔金开始考虑与伊迪丝结婚的问题。但是，监护人摩根神父反对二人的恋情。一个即将上大学的年轻人和一个比自己年长、没有受过教育的非婚生女恋爱，他的监护人强烈反对。

不幸的是，由于这段感情，他的成绩开始下降，没有得到大学入学所必需的奖学金。摩根神父介入此事，禁止托尔金与伊迪丝见面或联系，直到他 21 岁成年[①]。托尔金很敬佩摩根神父，无法违抗摩根神父的决定。

托尔金与伊迪丝各自搬到了新的住处，托尔金努力学习，准备参加奖学金考试和大学入学考试。托尔金原本就是一个崇尚禁欲主义且勤奋的人，他真正做到了置情感于脑后。第二年，托尔金获得了奖学金和入学资格，被牛津大学录取。

托尔金在牛津大学享受着大学生活，从事语言学研究，看似已经忘记了有关伊迪丝的一切。

但其实他的心里并没有放弃伊迪丝。他已经下定决心，一旦自己顺利地完成大学学业并成年，就正式向伊迪丝求婚。为遵守对摩根神父的承诺，成年前的他一直没有写信给伊迪丝。

托尔金成年后，给伊迪丝写了一封求婚信。这些年来，托尔金杳无音信，忧心忡忡的伊迪丝在别人的建议下跟另一位男性订了婚。

---

① 1969 年，英国通过《家事法改革方案》，将法定成年年龄调整为 18 岁。——编辑注

从托尔金的角度来看，无论是成年后在一起，还是不写信，都只是在遵守承诺。他不服气，但也没有退缩。

经过托尔金的再三劝说，并非真心想要订婚的伊迪丝解除了婚约。伊迪丝当时没有其他依靠，因此，解除婚约可以说是她赌上了自己的全部。

托尔金和伊迪丝平时都很矜持，对他人的脸色很敏感，不喜欢与人发生冲突，但这次，他们都遵从了自己的内心。结果，伊迪丝因为背叛了自己一直以来的依靠而遭受众人的谴责，导致名声扫地，不得不搬出寄居处。然而，对于伊迪丝为解除婚约而付出的巨大代价，托尔金却摆出了一副事不关己的姿态。

说好听点，托尔金比较乐观；说难听点，他就是以自我为中心，这与他基于母亲的爱和肯定形成的自我肯定分不开。相比之下，作为私生女出生的伊迪丝，与母亲之间的关系并非安全依恋，因此更缺乏安全感。总之，这两个人因缘际会克服了许多困难，走到了一起。

◎ 幸福的婚姻生活

接下来，我们再来看一看他们后来的生活。

二人在托尔金从牛津大学毕业后的第二年结婚。彼时，第一次世界大战已经开始，托尔金还没来得及享受蜜月，就被派往前线当兵。他来到了法国的索姆河，那里是一个著名的战场。在恶劣的条件下，他不得不在被雨水淋湿的状态下在战壕里待上几天，为此，托尔金也患上了战壕热，但这拯救了托尔金的生命。他被送到后方，再也没有回到前线，并在退伍后真正安顿了下来。

后来，他们的第一个儿子出生，伊迪丝过得非常辛苦。虽然托尔金有大学学历，但他的工作是帮助编纂字典，收入完全不足以维持家庭生计。

为此，托尔金不仅投身于研究，还得为谋生而努力工作。作为一名教师，他勤奋工作，兢兢业业，享有很好的声誉。不久后，他被邀请到利兹大学任教。4年后，年仅32岁的他便被聘为教授。守护自己和伊迪丝共同组成的家庭，是他职业成功的动力源泉。

托尔金和伊迪丝育有三儿一女，他非常重视自己与孩子的关系。无论多忙，他每年都会为孩子们制作带有插图的手写圣诞卡，并送给他们，让孩子们以为自己收到了圣诞老人的礼物。他经常给孩子们讲故事，《霍比特人》等杰作的创意也由此而生。他像自己的母亲一样，不遗余力地确保自己的孩子接受良好的教育。为赚取学费，托尔金做过兼职考官，还举办了很多讲座。

回避型的人都非常害怕结婚生子，但托尔金爱着伊迪丝。对他而言，拥有孩子和家庭是他工作与生活的动力，而非负担。创作方面，如果没有对孩子们的爱，托尔金就不可能创作出受到全世界喜爱的故事。

伊迪丝的性格孤僻，不喜欢与人交往。由于自己的出身和缺乏教育，她很难融入教授妻子们的聚会。然而，消失在公众视线中的她全身心投入家庭，以确保丈夫能够安心工作。她的世界里只有自己的丈夫和孩子，这反而是她的一个优势，这也让他们的家庭更加稳定。

◎ 不逃避自己的人生

从逃避拖延到积极应对、主动面对困境，这种转变对于挣脱回避的束缚具有决定性意义。回避型的人必须摆脱逃避，按照自己的意愿和决定来生活，这也是为了重新获得主体性。

为实现主体转变，首先可以把思想变成文字，清楚且明确地说明自己的期望，并尝试付诸实践。

　　无论是动机访谈、聚焦解决模式，还是接纳与承诺疗法以及其他心理治疗方法，都强调了承诺的重要性。承诺是对自己意图的明确声明，就是以明确的方式陈述自己的决心和意志，如"我想成为……的人""我想做……""我把……作为自己的目标""我决心要成为……的人"等。

　　目标越清晰、越具体，就越有力量。通过大声说"我将通过……方式来实现这个目标"，改变实际行为的可能性将大大增加。

　　虽然埋头苦干是一种优秀的品质，但实际上，大声说出来更有可能让人付诸行动。对不理解自己的人无须多言，如果连自己都没有决心，那么什么也不会改变。决心会通过语言得到进一步的检验、净化，并变得更加强大。心理辅导等治疗方法，允许人们在感到安全和被接受的情况下把自己的想法变成文字，做出承诺，最终会建立起一种强烈的决心和意志，促进自身的改变。

　　日常生活中，承诺、明确的决策和坚定的决心，也将成为推动人生前进的动力。

◎ 宫崎骏如何摆脱回避

以《龙猫》《幽灵公主》等动画杰作在全世界获得高度评价的导演宫崎骏，童年时期曾是个内向、消极且神经质的孩子。少年时期的宫崎骏喜欢看书、画画，喜欢穿同一件衣服，对换衣服这件事非常抗拒。当时的他很不擅长表达自己的想法与心情。

母亲的病使宫崎骏形成了内向与焦虑的性格。他的母亲患有脊椎病，在宫崎骏上小学后不久就开始了长达9年的疗养生活。面对随时可能失去母亲的焦虑，宫崎骏在母亲面前总是表现得乖巧、懂事。

日本动画电影《天空之城》中的朵拉是空中海贼的首领，宫崎骏对于这个角色的灵感就来源于自己的母亲。朵拉总是大声叱喝手下；宫崎骏的母亲虽然因病卧床，但也掩饰不住自身高冷而强势的气场，俨然一副女强人的模样。在宫崎骏的印象中，自己几乎没有受到过母亲的称赞。再加上母亲长期因病卧床，从孩子的生活中缺席，他的母亲未能作为安全基地发挥作用。

强烈的焦虑与消极、内向的性格，使宫崎骏直到青年期都不擅长表达自己的想法。他在高中时原本想成为漫画家，后因父亲的一句"画画养活不了自己"而放弃了进入艺术大学的念头，最终就读于学习院大学。不过，对他来说，上大学只是在从事漫画工作前的一段合法延缓期。

宫崎骏有两个安全基地，一个是哥哥宫崎新，另一个是中学时代的恩师佐藤文雄。他的哥哥宫崎新同样是学习院大学的学生，这也是宫崎骏选择进入这所大学的原因之一。小时候，哥哥总是保护遭受霸凌的宫崎骏，对胆怯内向的他而言，哥哥就是自己的庇佑者。另外，除家人之外，能够倾听宫崎骏烦恼的还有佐藤文雄老师。宫崎骏经常找老师商量各种事情，上大学后开始学习油画，也是与佐藤老师商量过后做出的决定。

当时，学习院大学没有漫画社团，宫崎骏经常参加儿童文学研究社的活动。此外，大学时期，宫崎骏开始参与政治抗议活动，这段经历非常有助于他摆脱回避。那个时代，日本的大学校园内还残留着安保斗争的痕迹，弥漫着浓厚的左翼气氛。原本不关心政治的宫崎骏，渐渐受到了时代氛围的感染。

宫崎骏还因为自己的家庭背景而抱有罪恶感。宫崎骏家在战争期间经营了一家军需工厂，赚了很多钱。宫崎骏一直以此为耻，还因此以批判的语气和父母说话。或许这就是他迟来的叛逆期吧。

之前从未反抗过母亲的他，因为政治问题而与母亲起了冲突，但是，无论如何，他都无法让母亲接受自己的想法，这使他懊恼不已，甚至流下了眼泪。这可以说是对母亲保持客套距离，甘受母亲掌控的宫崎骏第一次强调自己的存在、表达自己的意见，冲撞了自己最不擅长面对的对象。这个经历也象征着他从母亲看不见的掌控中获得了解放。

毕业后就职于东映动画的宫崎骏带领众人参加了春斗①社内抗议活动。虽然他后来渐渐远离了政治活动，但是为弱者展开抗争的那份气概，成为宫崎骏作品的基调之一。

弱者也有很多类型，在宫崎骏的创作中，最常以儿童这个弱者为主题。圣·埃克苏佩里是对宫崎骏产生重大影响的作家之一。圣·埃克苏佩里作品中最重要的主题，是儿童原有的纯粹与光辉被成年人破坏的悲哀。这个主题在宫崎骏心中留下了深刻的印象，他传承了这个主题，以自己的方式重新进行了诠释。

曾经极度回避、从未主动站上舞台的孱弱少年，与为

---

① 春斗（日语：春闘，しゅんとう），又称"春季生活斗争""春季工资斗争"，是日本工会每年春季组织的为提高工人工资而进行的斗争。

他人而战的共同体精神合而为一，顺利摆脱了自己对责任的回避，真正做到了勇于承担责任。

宫崎骏的转变和结婚生子的经历也有关系。多了家庭的束缚，他或许失去了部分自由。但正因为背负了家庭责任，宫崎骏的心中才产生了曾经缺乏的人与人之间的关切及温暖，这也让他真正成为广受欢迎的创作者。

◎ 活下去

与人交往，一定会面临各种各样的麻烦。如果想和他人搞好关系，就必须明确自己是什么人。在此过程中，当然也会产生责任和失败的风险。避免麻烦，与外界不建立联系，看上去的确是最轻松、最安全的生活方式。

但是，不在任何地方扎根、对任何事情都不认真、逃避责任和风险与放弃生存是一样的，没有比这更空虚的生活方式了。如果为避免危险而放弃难得的机会，使人生的可能性变小，那么，逃避其实也是一件很危险的事情。

我们不需要有任何的恐惧、担心、焦虑，要敢于暴露自己，与之对抗。如果抱有焦虑和恐惧才算是生活，想要逃避焦虑和恐惧时，就是在逃避人生。

人终有一天会死去。这是谁也无法逃脱的命运。即使坚持逃避，最后死亡也会追上来，吞噬你。即使不把自己关在棺材里，总有一天死亡也会降临，最后大家都一样，死后就会被烧成灰烬。即使逃避，也无济于事。也就是说，绝大多数的人，都会在毁灭和绝望中结束自己的一生。如果只把结果作为问题，所有人都会败北。无论什么样的挑战，从结果来看，最后都是失败。这是谁也无法撼动和否认的事实。

我们不能选择结果。我们所能选择的只有活在当下。挑战还是不挑战？对于焦虑和恐惧，是逃避还是面对？做出选择的是我们自己，我们既可以为避免受伤而坚持逃避自己的人生，也可以停止逃避，选择不怕受伤、勇于面对的生活方式。无论在什么情况下，我们都可以挑战。即使结果是失败，我们也有挑战的自由。

你会选择被失败的结果囚禁，还是从中获取自由而继续活下去？人生的妙趣在于过程。如果选择逃避，就不会尝到人生的果实而任由其腐烂。反正都会腐烂，腐烂之前尽情品尝，又有什么不好呢？

| 结束语 |

现在，我们正生活在从未有人经历过的危机之中。与其说这是个人的危机，不如说是共同体和物种危机。

　　虽然很容易被人遗忘，虽然有点让人头大，但我们人类仍然是哺乳类动物，这一点没有改变。基于获得巨大的技术成就，人类对于忽视支持物种生存的依恋系统，已经付出了很多沉重的代价。

　　依恋的崩溃已经引起了各种各样的问题，如结婚率和出生率的降低、对孩子与老人的虐待、生活虚无感的滋生；还可能加剧不安全型依恋，并由此增加精神疾病风险，如边缘性人格障碍和抑郁的产生、依存症的发生、摄食障碍的出现……

　　结果，随着越来越多的人依恋缺失，回避型的人迅速增加。他们与一直作为社会核心的安全型属于不同"物种"，举止、感情、生活方式和价值观也与之不同。

　　不仅限于个人层面，从整个社会层面来看，回避型的趋势也在增强。即使没有被判定为回避型，与过去的人相比，当代人也显示出了回避型的典型特征。

这并不只是新的行动方式和生活方式在扩展。问题是，缺乏对育儿和家庭的关心、喜欢独居等生活现象不断产生，给人类的幸福生活造成阻碍，也威胁着社会的持续发展。

我们在不久的将来能实现回避型、个人幸福、作为生物共存的可持续的生活方式吗？我们能建立起不需要亲密关系、维持生物平衡的机制吗？还是说，现状才是世外桃源？更可怕的噩梦就要开始了吗？

即使我们人类尝试的多数事情都以失败告终，我们也要活下去。在依恋缺失的状态下，我们只能找到自己的生活方式。不管能否顺利进行，如果坚持摸索就是生存，我们只有竭尽全力。如果能不逃避地继续活下去，不是很温暖吗？

我们应该庆幸，生活在这个"极端"的年代。在几百万年的人类史上，繁荣的顶峰和终结的危机即将同时到来，能够见证这样稀有的瞬间，实则是我们的幸运。我相信，面对这样的"危机"，也是摆脱回避、找回自我的重要一步。

　　至今为止，人类曾多次在社会崩溃的混乱状况中生存下来。在强烈的社会不安和混乱中，也发生过依恋崩溃的情况。即使无依无靠，我们也必须活下去。有时人类必须通过舍弃感情和情绪来保护自己。人类曾在幻想中寻求逃避和陶醉，也曾试图回避现实，经历多次社会崩溃。

　　但是，从这一点可以看出，即使社会崩溃，个体也会生存下来，之后又形成新的社会。愿我们都能心怀这种强大的生命力和希望继续自己的生活。最后，我还要对以热情和深思熟虑支持我执笔的光文社新书主编森冈纯一表示感谢。

2013 年秋

冈田尊司

依恋模式诊断测试

　　对于下列问题，请回想过去几年的自己，选择最恰当的选项。但是，如果选择"两者皆非"的题目太多，诊断结果的准确度会下降，请注意。

1. 你是不是积极尝试新鲜事物、勇于前往陌生场所、结识新朋友的人？

　　①是　　②否　　③两者皆非

2. 无论对方是谁，你是否都能马上熟悉、放松心情与之相处？

　　①是　　②否　　③两者皆非

3. 遇到麻烦时，你是否会乐观地认为"总会有办法解决"？

　　①是　　②否　　③两者皆非

4. 你是否打心底信任亲近的朋友或熟人？

　　①是　　②否　　③两者皆非

5. 你是否有容易指责他人、攻击性强的一面？

　　①是　　②否　　③两者皆非

6. 初次尝试新事物时，你是否容易感到不安？

　　①是　　②否　　③两者皆非

7. 你的父母（养育者）是否有时会对你非常冷淡？

　　①是　　②否　　③两者皆非

8. 你是否认为人会在紧急时刻背叛或不可靠？

　　①是　　②否　　③两者皆非

9. 你的父母（养育者）对你的批评是否比嘉许更多？

　　①是　　②否　　③两者皆非

10. 回忆童年时代，开心的记忆是否比较多？

　　①是　　②否　　③两者皆非

11. 你是否非常感谢自己的父母（养育者）？

　①是　　②否　　③两者皆非

12. 难过时，是否只要想起父母和家人，心情就能平静下来？

　①是　　②否　　③两者皆非

13. 即使对方不在身边，你是否也能长久地惦记一个人，还是马上就会寻求他人陪伴？

　①长久惦记一个人　　②马上寻求他人陪伴　　③两者皆非

14. 你是不是爱憎分明的人？

　①是　　②否　　③两者皆非

15. 你是否有过认为某人非常好，但最后却产生幻灭的感觉或开始讨厌对方的经历？

　①是　　②否　　③两者皆非

16. 你是否经常感觉烦躁或沮丧？

　①是　　②否　　③两者皆非

17. 你是否认为自己没有什么值得一提的优点？

　①是　　②否　　③两者皆非

18. 你是否曾因担心自己被拒绝而陷入焦虑？

　①是　　②否　　③两者皆非

19. 比起优点，你是否总是忍不住在意缺点？

　①是　　②否　　③两者皆非

20. 你是不是自信的人？

　①是　　②否　　③两者皆非

21. 你是不是不依赖他人，能自行做出决定或采取行动的人？

　①是　　②否　　③两者皆非

22. 你是否认为自己是没什么人爱的人？

　　①是　　②否　　③两者皆非

23. 遇到讨厌的事情，你是否会放在心上很久？

　　①是　　②否　　③两者皆非

24. 你的父母（养育者）是否经常做出伤害你的事？

　　①是　　②否　　③两者皆非

25. 你是否曾对父母（养育者）怀有愤怒或怨恨？

　　①是　　②否　　③两者皆非

26. 难过时，你是否会希望身边的人上前关心？

　　①是　　②否　　③两者皆非

27. 亲近的人际关系对你而言是否重要？

　　①是　　②否　　③两者皆非

28. 你是否总是冷漠无情？

　　①是　　②否　　③两者皆非

29. 你是否不喜欢过于亲昵的交友方式？

　　①是　　②否　　③两者皆非

30. 和曾经有过交情的人分开后，你是否马上就会忘记对方？

　　①是　　②否　　③两者皆非

31. 比起与人交往，你是否认为自己的世界更重要？

　　①是　　②否　　③两者皆非

32. 你是否认为只有自己的力量才可靠？

　　①是　　②否　　③两者皆非

33. 你是否不怎么怀念过去？

　　①是　　②否　　③两者皆非

34. 你是不是不轻易在脸上表现感情的人？

　　①是　　②否　　③两者皆非

35. 你是否认为即使是恋人或配偶也不能侵犯自己的隐私权？

　　①是　　②否　　③两者皆非

36. 你是否喜欢和亲密的人肌肤相亲、拥抱或发生肢体接触？

　　①是　　②否　　③两者皆非

37. 你是否还清楚地记得幼年的事情？

　　①是　　②否　　③两者皆非

38. 即使和关系亲近的人在一起，你是否也会客套？

　　①是　　②否　　③两者皆非

39. 你是否认为别人会在自己遇到困难时给予帮助？

　　①是　　②否　　③两者皆非

40. 你是否会轻易接受他人的好意？

　　①是　　②否　　③两者皆非

41. 你是否曾因害怕失败而逃避挑战？

　　①是　　②否　　③两者皆非

42. 与人分离时，你是否会感到非常悲伤或内心激动？

　　①是　　②否　　③两者皆非

43. 你是否不喜欢别人烦自己，希望自由自在地生活？

　　①是　　②否　　③两者皆非

44. 对你而言，工作和学业、恋爱和人际关系，哪一个更重要？

　　①工作和学业　　②恋爱和人际关系　　③两者皆非

45. 受到伤害或感觉沮丧时，你是否认为别人的安慰非常重要？

　　①是　　②否　　③两者皆非

统计方法

请在下表的答案编号栏中填写答案。请注意不要看错问题编号和答案编号。如果右侧的 A、B、C、D 栏中有与答案编号一致的数字，请将其用"〇"圈起来。结束后，请分别统计 A、B、C、D 栏中画"〇"的数字，填写在最下面的合计栏。

问题编号	答案编号	A	B	C	D
1		1			
2		1		2	
3		1			
4		1			
5		2			
6		2			
7		2			1
8		2			
9		2			1
10		1	2		2
11		1	2		2
12		1	2		2
13		1	2		
14			1		

续表

问题编号	答案编号	A	B	C	D
15			1		
16			1		
17			1		
18			1		
19			1		
20			2		
21			2		
22		2	1		
23		2	1		
24		2	1		1
25		2	1		1
26				2	
27				2	
28				1	
29				1	
30				1	
31				1	
32				1	
33				1	
34				1	

续表

问题编号	答案编号	A	B	C	D
35				1	
36				2	
37				2	
38		2	1		
39		1		2	
40		1		2	
41				1	
42			1	2	
43			2	1	
44			2	1	
45				2	
合计					

判定方法

A、B、C、D 栏的总分分别指的是"安全型依恋得分""焦虑型依恋得分""回避型依恋得分""未解决型依恋得分"。

首先，请注意哪个得分最高。分数最高的那一项就是你的基本依恋模式。特别是 15 分以上的情况可视为倾向非常强，10 分以上的情况可判定为强。

其次，请注意第二高的得分。如果达到 5 分以上，就可以视作不可忽视的要素。

下表显示了各依恋模式的判定标准和特征。另外，"≫"是"非常大"的意思，在这里，请将 5 分以上的分差作为判定的标准。

各依恋模式的判定标准和特点

依恋模式	判定标准	特点
安全型	安全型得分≫焦虑型、回避型得分	依恋焦虑、依恋回避都很低，是最安全的类型
安全—焦虑型	安全型得分＞焦虑型得分≥5	虽然有依恋焦虑的倾向，但整体上是安全的类型
安全—回避型	安全型得分＞回避型得分≥5	虽然有依恋回避的倾向，但整体上是安全的类型
焦虑型	焦虑型得分≫安全型、回避型得分	依恋焦虑很强，对人际关系敏感的类型
焦虑—安全型	焦虑型得分≥安全型得分≥5	依恋焦虑很强，但有一定适应能力的类型
回避型	回避型得分≫安全型、焦虑型得分	依恋回避强，很难建立亲密关系的类型

续表

依恋模式	判定标准	特点
回避—安全型	回避型得分≥安全型得分≥5	虽然依恋回避很强，但在某种程度上有适应力的类型
恐惧回避型	焦虑型、回避型得分≫安全型得分	依恋焦虑、依恋回避都很强，对受伤敏感，容易怀疑的类型
未解决型	未解决型得分≥5	容易受与父母（养育者）的依恋创伤的影响，变为不安全的类型，与其他类型并存